# Die ersten drei Schritte auf dem Weg zum erfolgreichen Online-Business

Erik Jenss

# Die ersten drei Schritte auf dem Weg zum erfolgreichen Online-Business

FSC
www.fsc.org
MIX
Papier aus ver-
antwortungsvollen
Quellen
Paper from
responsible sources
FSC® C105338

Bibliografische Information der Deutschen Nationalbibliothek
Die Deutsche Nationalbibliothek verzeichnet diese Publikation in der
Deutschen Nationalbibliografie; detaillierte bibliografische Daten sind im
Internet über http://dnb.dnb.de abrufbar.


© 2014 Erik Jenss
Satz, Umschlaggestaltung, Herstellung und Verlag: BoD – Books on Demand
ISBN 978-3-7357-6840-7

# Inhalt

## Vorwort

Moin,
Sie haben mit dem Kauf dieses kleinen Ratgebers, der Ihnen die ersten drei Schritte auf dem Weg zum erfolgreichen Online-Business aufzeigen soll, eine gute Entscheidung getroffen. Ich möchte Ihnen ganz herzlich für den Kauf danken und wünsche Ihnen eine lehrreiche aber auch unterhaltsame Lektüre.

Um im Internet wirklich erfolgreich zu sein und um dort richtiges Geld zu verdienen, ist Arbeit nötig. Das ist die schlechte Nachricht, mit der ich Sie gerne begrüßen möchte. Eigentlich sollte man es aber gar nicht als Nachricht bezeichnen, denn im Grunde handelt es sich ja um eine Selbstverständlichkeit. Erfolg verlangt eine gewisse Anstrengung, das wird überall akzeptiert, nur im Internet suchen die Leute nach einem magischen Rezept, das ihnen Reichtum beschert, ohne dass sie etwas dafür tun müssten. Sollten Sie auch zu diesen Leuten gehören, muss ich Sie leider enttäuschen. Dieses Rezept gibt es in der Form leider nicht, zumindest habe ich es noch nicht gefunden, obwohl es mir mittlerweile begegnet sein müsste. Aber gehen Sie nicht gleich wieder, ich habe ja schließlich auch noch eine gute Nachricht für Sie. Die Arbeit, die erledigt werden muss, lässt sich so optimieren, dass sie auch ihren letzten Schrecken verliert. Tatsächlich geht es nur um relativ einfache und doch wichtige Vorgänge, mit denen Sie Ihren Erfolg vergrößern können und dabei den Aufwand auf ein Minimum reduzieren.

Wie das geht, werde ich Ihnen im folgenden Buch erklären. Ich bin aber kein Guru oder habe besonders tief greifende Kenntnisse über die Welt, ich bin einfach nur jemand, der vor einiger Zeit an dem Punkt war, an dem Sie heute vermutlich stehen. Blicke ich dabei auf meinen Werdegang zurück, macht sich eine gewisse Enttäuschung breit, dass ich meinem damaligen Ich nicht mehr unter die Arme greifen kann. Denn ich habe durchaus einige Fehler gemacht und so manchen Rückschlag erlitten. Das wird Ihnen vermutlich auch nicht erspart bleiben, aber mit diesem Buch möchte ich Ihnen zumindest sagen, wie Sie die gröbsten Fehler vermeiden können. Es wird trotzdem nicht alles perfekt verlaufen, aber Sie haben dadurch die Möglichkeiten, die ich damals gerne gehabt hätte.

### Pareto und andere Prinzipien für Ihr Online-Marketing

Sturgean's Offenbarung sagt uns, dass 90 % von allem Mist ist. Henry Ford wird gerne damit zitiert, die Hälfte des Geldes, das für Werbung ausgegeben wird, sei Verschwendung, nur leider wisse niemand, welche Hälfte das sei. Diese kleinen Bonmots eignen sich aber nicht nur, um auf der nächsten Party zitiert zu werden, sie verraten uns auch tatsächlich etwas über die Welt des Marketings. Denn auch wenn Herr Ford es sich niemals hätte träumen lassen, können wir beim Online-Marketing heute sehr genau sagen, welche Ausgaben sich rentieren und welche wir uns hätten sparen können. Wir können unsere Bemühungen also so lange optimieren, bis wir unser Geld und unsere Energie nur noch in Dinge investieren, die sich auch lohnen.

Wenden wir uns einem Moment dem sogenannten Pareto-Prinzip zu, das in etwa besagt, dass in 20 % der Zeit 80 % der Resultate erzielt werden. Was das für unsere Bemühungen bedeutet, müssen Sie sich nun kurz vor Augen halten. Es bedeutet schlicht und einfach, dass ein Fünftel Ihrer Arbeit ausreicht, um vier Fünftel Ihres Gewinns zu erwirtschaften. Es bedeutet aber auch, dass Sie dieses Prinzip ständig im Kopf behalten sollten. Denn wenn Sie nicht aufpassen, haben Sie eine ganze Menge Dinge zu tun, die zwar den Großteil Ihrer Arbeit ausmachen, aber kaum zum Profit beitragen. Versuchen Sie, sich von diesen Dingen zu trennen, konzentrieren Sie sich stattdessen lieber auf den Teil, der sich wirklich lohnt.

Wenn Sie sich also beispielsweise vom Großteil Ihrer Kunden trennen und trotzdem fast so viel verdienen, haben Sie unbestreitbar einen Schritt nach vorne gemacht. Das Pareto-Prinzip funktioniert aber auch auf kleinerer Ebene. Wenn Sie an einem Projekt arbeiten, überlegen Sie, wie das für Sie beste Verhältnis aus Aufwand und Ergebnis liegt. Wenn Sie Ihre Arbeitszeit verdoppeln müssten, um das Ergebnis 10 % besser zu machen, sollten Sie sich fragen, ob es nicht jetzt schon gut genug ist.

Sie können also Ihr Business so lange optimieren, bis Sie an einen Punkt kommen, an dem Sie der Meinung sind, genug zu verdienen. Ich weiß, ich weiß, wer verdient schon genug? Aber es gibt sicherlich einen Punkt, an dem Sie zufrieden sind, besonders wenn man bedenkt, dass Sie Ihre Arbeitszeit ja parallel verkürzen. Es wird ein gutes Stück Arbeit werden, bis Sie diesen Punkt erreicht haben, aber Sie sind nicht allein. Ich werden Ihnen Tricks und Tipps verraten, mit denen Sie herausfinden, was Sie tun sollten. Denn wir haben ja gerade gesehen, dass es darauf ankommt, die richtigen Dinge zu tun, nicht, besonders viel zu tun.

Vielleicht kennen Sie ja den Spruch, wer den ganzen Tag arbeitet, hat keine Zeit, Geld zu verdienen. Wenn Sie ihn nicht kannten, kennen Sie ihn jetzt, wenn Sie mir diese kleine Spitzfindigkeit verzeihen. Aber in diesem Spruch steckt mehr Wahrheit, als man im ersten Moment denken könnte. Wir alle haben die Tendenz, uns eine Routine zu schaffen, in die wir uns fallen lassen, weil es bequemer ist, als darüber nachzudenken. Dieser Ratgeber wird Ihnen Werkzeuge an die Hand geben, mit denen Sie Ihren Alltag so gestalten können, dass Sie sich auf die Aufgaben konzentrieren können, die sich wirklich lohnen.

Und wissen Sie, warum ich weiß, dass Sie auf einem guten Weg sind? Weil Sie gerade diesen Satz gelesen haben. Damit möchte ich nicht sagen, dass dieser Ratgeber Sie sofort zum perfekten Unternehmer machen wird. Ich weiß aber, dass Sie Initiative gezeigt haben und bereit sind, etwas zu tun. Sie sind auch gewillt, sich von mir helfen zu lassen. Deswegen bin ich auch davon überzeugt, dass ich Ihnen mit diesem Buch helfen kann.

## Alle Erfolgsgeschichten sind anders

Ich will Ihnen hier gar nicht groß erzählen, wie erfolgreich ich bin. Es spielt ja im Grunde auch keine Rolle, oder? Sicher, wenn Sie einen Ratgeber lesen, sind Sie vermutlich eher bereit, dem Autor einen gewissen Expertenstatus zuzugestehen, wenn er von Leuten wie Steve Jobs oder Bill Gates geschrieben wurde. Aber ganz ehrlich, würden Sie wirklich davon ausgehen, deren Geschichte wiederholen zu können? Und ganz nebenbei bemerkt: Ich kenne die Geschichte von Bill Gates, ich wage aber zu bezweifeln, dass er meine kennt.

Ich will Ihnen hier also keine Geschichte davon erzählen, wie ich erfolgreich wurde. Die Tipps, die ich Ihnen in diesem Ratgeber geben werde, sprechen hoffentlich für sich selbst. Sie sollten aber auch nicht erwarten, hier ein Rezept vorzufinden, das Sie einfach nachkochen können. Vielleicht funktioniert alles, was ich sage, auch für Sie, vielleicht müssen Sie an der einen oder anderen Stelle ein paar Details auf Ihre Situation anpassen. Jede Situation ist anders und ich kann Ihnen nicht garantieren, dass mein Buch auf Sie zugeschnitten ist. Es ist aber definitiv ein guter Startpunkt, um zu sehen, was funktioniert. Das sollten Sie ohnehin immer im Hinterkopf behalten: Ich kann Ihnen sagen, was funktionieren könnte, aber testen müssen Sie es letzten Endes selbst.

## Warum Sie einen Ratgeber brauchen

David Wong schrieb vor einigen Jahren einen Text, in dem er den Film »Karate Kid« für den Zustand der heutigen Welt verantwortlich machte. Genau genommen bezog sich seine Theorie allerdings auf verschiedene Filme der 80er Jahre, die unsere Vorstellung von der Welt nachhaltig beeinflusst haben. Sie kennen die Szene, Rocky ist nicht fit, wir sehen ihm fünf Minuten dabei zu, wie er trainiert, hören dazu ein Lied, wie es nur in den 80ern geschrieben werden konnte, und am Ende ist er in der Form seines Lebens. Sie kennen die Szene, selbst wenn Sie nie einen Rocky-Film gesehen haben, diese sogenannte »Training Montage« war damals wirklich überall.

Die Theorie dahinter ist aber, dass diese Filme uns eine Vorstellung davon vermittelt haben, wie einfach etwas sein sollte. Man möchte etwas erreichen, man strengt sich eine Weile an und ist am Ziel. So läuft das aber im echten Leben leider nicht. Dabei scheint diese Vorstellung aber gerade im Internet weit verbreitet. Wir glauben nicht nur, dass die Dinge vergleichsweise leicht zu erreichen sind, wir glauben auch, dass es nur darauf ankommt, wie viel und wie hart wir arbeiten. Diese Botschaft wird uns schließlich noch viel länger vermittelt. Dabei kommt es aber eben nicht darauf an, wie viel oder wie hart jemand arbeitet. Wenn es so wäre, hätten die Leute den meisten Erfolg, die die meisten Fehler machen, weil sie sich anstrengen müssen, diese wieder auszubügeln.

Ohne Arbeit geht es nicht, keine Frage, aber es kommt darauf an, dass Sie wissen, was Sie machen müssen und wie Sie es machen müssen. Einfach nur immer weitermachen und hoffen, dass es irgendwann funktioniert, war noch nie eine gute Idee, wird uns aber als solche vermittelt. Wenn Sie also auch in diesem Hamsterrad gefangen sind, möchte ich Ihnen beim Ausbruch helfen. Wenn Sie sich nicht in dieser Situation befinden, möchte ich Ihnen dabei helfen, dass es gar nicht so weit kommt.

Wir lieben Erfolgsgeschichten, aber leider nur die wirklich spektakulären. Wenn jemand eine geniale Idee hat und über

Nacht zum Millionär wird, ist das eine Geschichte, die durch die Medien geht. Mehr Aufmerksamkeit bekommt man in der Hinsicht nur, wenn man ohne eine geniale Idee zum Millionär wird. Wenn aber jemand vielleicht alles richtig macht und sich dadurch langfristig ein gewisses Einkommen sichert, ist das keine Geschichte, die wir hören wollen. Sie wäre vermutlich auch nicht sonderlich unterhaltsam, um sie beim Frühstück in der Zeitung zu lesen. Aber das Fehlen dieser Geschichten hat dazu geführt, dass wir uns ganz bewusst daran erinnern müssen, dass es sie gibt. Wie man eine wirklich geniale Idee hat, werde ich Ihnen nicht verraten können. Wie man aber dauerhaft erfolgreich sein kann, dabei kann ich Ihnen helfen.

Bevor wir uns jedoch den Details widmen, möchte ich Ihnen eine letzte kleine Weisheit mit auf den Weg geben. Das Internet hat seine eigenen Gesetze. Wenn Politiker davon reden, das Internet dürfe kein rechtsfreier Raum sein, wissen Sie so gut wie ich, dass diese Gefahr nie wirklich bestand. Im Netz laufen aber einige Dinge etwas anders ab als in der Welt außerhalb des Netzes, die seltsamerweise immer noch die echte Welt genannt wird. Wer hier Erfolg haben möchte, sollte also nicht versuchen, Strategien zu übernehmen, die in einem anderen Kontext funktioniert haben. Das wird vermutlich nicht funktionieren. Ich richte mich daher auch ganz explizit an Sie, wenn Sie schon ein erfolgreicher Unternehmer sind, der jetzt im Internet durchstarten will. Dieser Ratgeber ist daher ganz bewusst so aufgebaut, dass er sich an alle Menschen richtet, ganz egal, wie ihr Wissensstand ist.

## Was dieser Ratgeber vermittelt

Wie Sie sehen, ist es ein durchaus langer Weg, aber wie wir alle wissen, beginnt auch der längste Weg mit dem ersten Schritt. Wenn Sie sich mit Physik auskennen, wissen Sie vermutlich auch, dass es mehr Energie benötigt, ein Objekt in Bewegung zu versetzen als es in Bewegung zu halten. Die Reibung, die überwunden werden muss, ist tatsächlich stärker, wenn der Gegenstand noch auf dem Boden liegt. Wir halten uns also durchaus an die Naturgesetze, wenn es uns am schwersten fällt, morgens aus dem Bett zu kommen. Der erste Schritt ist also immer der schwerste, aber zugleich auch der wichtigste.

Beim Internet-Marketing sind es nach meiner Erfahrung besonders die ersten drei Schritte, die den Unterschied ausmachen. Es sind natürlich nicht die einzigen, aber sie spielen die entscheidende Rolle. Haben Sie diese drei Schritte hinter sich, ist die Richtung klar definiert und Sie haben genug Fahrt aufgenommen, dass der Rest wesentlich einfacher sein wird. In diesem Ratgeber stelle ich Ihnen daher diese ersten so wichtigen drei Schritte vor. Es ist dabei aber natürlich wichtig, dass Sie auch mit dem ersten Schritt beginnen. Wenn Sie mit einem anderen beginnen wollen, werden Sie ins Stolpern kommen. Es ist nicht gesagt, dass Sie Ihr Gleichgewicht nicht wieder finden können, aber es ist sicherlich einfacher, sich diesen holprigen Start zu ersparen.

Aber jetzt habe ich wirklich genug über die Grundlagen geredet, dass es langsam Zeit wird, Ihnen diese Schritte auch wirklich vorzustellen. Ich hoffe wirklich, Sie finden, was Sie suchen, und dass ich Sie dabei vielleicht sogar ein bisschen unterhalten kann.

## Der Anfang als Unternehmer

Der Traum von der Selbstständigkeit beginnt oft in einem Angestelltenverhältnis oder mit der Angst vor einem solchen. Das ist ja auch verständlich und ich wäre der letzte Mensch auf Erden, der behaupten würde, dass Lohnarbeit für den Profit anderer Leute eine durchweg angenehme Sache wäre. Das Prinzip arbeitet immerhin gegen Sie. Ihr Chef verdient mit Ihrer Arbeit mehr, als er Ihnen dafür bezahlt. Täte er das nicht, wäre er kein besonders guter Chef und Sie müssten sich mit dem Gedanken anfreunden, dass die Firma irgendwann pleite geht.

Wenn Sie sich aber deswegen in die Selbstständigkeit stürzen und zu romantische Vorstellungen davon haben, wird Sie das auch nicht glücklich machen. Es stellt sich eben heraus, dass Ihr Chef doch nicht an allem die Schuld trägt, was die Arbeit unangenehm macht. Einiges davon ist schlicht das Leben. Ich meine, es steht Ihnen natürlich frei, Ihr restliches Leben damit zu verbringen, am Strand zu liegen, ich wünsche Ihnen viel Glück dabei, jemanden zu finden, der Ihnen das bezahlt.

Auch wenn Sie in Ihrem Angestelltenverhältnis zu wenig verdienen, wir verdienen alle zu wenig, und so hat es doch unbestreitbar seine Vorteile, ein sicheres Einkommen zu haben. Es gibt einfach eine gewisse Sicherheit, wenn man auch mal zwei Wochen krank sein kann, ohne dass gleich das halbe Monatsgehalt verloren geht.

Verstehen Sie mich hier aber bitte nicht falsch, ich möchte nicht sagen, dass die Selbstständigkeit schlecht ist, ganz im Gegenteil. Sie müssen es eben nur richtig wollen und richtig machen. Dafür sind wir ja schließlich hier. Wenn Sie zudem alles richtig gemacht haben, kommen Sie irgendwann tatsächlich an den

Punkt, an dem Sie auch ruhig mal einen Tag am Strand oder im Biergarten verbringen können. Weil Sie Ihre Zeit relativ frei einteilen können und weil Sie Ihr Geschäft so aufgebaut haben, dass es auch funktioniert, wenn Sie nicht da sind.

Der Unterschied zwischen einem Angestellten und einem Unternehmer lässt sich damit zusammenfassen, dass ein Unternehmer mehr macht als nur seine Arbeitszeit zu verkaufen. Er trifft Entscheidungen und bestimmt, was gearbeitet wird. Wenn Sie irgendwo in der Fußgängerzone einen Laden eröffnen, macht er schließlich auch dann Umsatz, wenn Sie nicht dort sind. Es sei denn natürlich, Sie erledigen bestimmte Arbeiten selbst, dann müssen Sie eben doch anwesend sein. Das Ziel ist es aber, den Laden so zu gestalten, dass er auch dann Gewinn erwirtschaftet, wenn Sie ihn allein lassen. Wie Sie das mit Ihrem Online-Business machen, ist ja gerade das Thema dieses Buchs.

### Der Ort des Geschehens: das Internet

Wenn Sie zu den Leuten gehören, die diesen Ratgeber lesen, um sich ein Online-Geschäft aufzubauen, muss ich Ihnen vermutlich nicht erklären, wie wichtig das Internet geworden ist. Erlauben Sie mir bitte, trotzdem ein paar Worte darüber zu verlieren. Es gibt nämlich immer noch genügend Leute, die diese Botschaft noch nicht verinnerlicht haben. Außerdem kann man manche Dinge wirklich nicht oft genug sagen.

Das Internet ist heute so viel mehr als die meisten Leute sich jemals hätten erträumen können. Wenn Sie es mir für einen Moment verzeihen wollen, von früher zu erzählen, als alles noch ganz anders war, erinnere ich mich noch an eine Zeit, als eine Website für eine Firma kaum eine Bedeutung hatte. Das Internet war schon da, es war aber nicht wirklich im Alltag angekommen. Man konnte eigentlich noch nicht wirklich viel tun, also machte man sich auch auf die Suche nach bekannten Firmen. Hatte man eine Website gefunden, nickte man und stellte fest, dass die Firma eine Website hatte. Das war im Grunde der Zustand des Online-Marketings.

Heute ist es von enormer Wichtigkeit geworden, im Netz vertreten zu sein. Eine Website ist dabei schon das absolute Minimum. Ich weiß ja nicht, wie es Ihnen geht, aber ich mache mich kaum noch auf den Weg in einen bestimmten Laden, wenn ich im Netz nicht mindestens die Öffnungszeiten finde. Wenn ich nicht erfahren kann, ob er hat, was ich suche, mache ich mich nur auf den Weg, wenn ich mich besonders mutig fühle und gerade zu viel Zeit habe. Und wer hat heute schon zu viel Zeit?

Wenn Sie also der Meinung sind, Ihr Geschäft fände offline statt und Sie kämen ohne das Netz aus, erlauben Sie mir bitte, dass ich Ihnen da widerspreche. Ohne das Internet geht heute nichts mehr. Da Sie ja aber gerade dieses Buch lesen, gehe ich davon aus, dass Sie mir da zumindest teilweise zustimmen. In diesem Fall möchte ich Sie beglückwünschen und Sie in der Welt des Online-Marketings willkommen heißen.

Mit besten Wünschen und Grüssen, Ihr,

Erik Jenss

## Das Internet zur Kommunikation nutzen

Wenn Sie ein Geschäft starten, scheint es beinahe so, als gäbe es nur zwei Emotionen, die Sie zu dem entwickeln können, was Sie tun: Selbstzweifel und pure Euphorie. Beide Varianten werden Ihnen auf Dauer Probleme bereiten, wenn Sie sie nicht erkennen und daran arbeiten.

An sich selbst zu zweifeln, kann manchmal wichtig sein. Ich bezweifle zum Beispiel ernsthaft, dass ich von Hochhäusern springen oder über die Autobahn laufen kann. Aber man sollte eben auch in seinem Zweifeln realistisch bleiben und sich manche Dinge zutrauen. Ich möchte Ihnen etwas verraten: Ihre Idee ist nicht perfekt und Sie werden sie auch nicht perfekt umsetzen. Wenn Sie das vielleicht schon geahnt haben sollten, möchte ich Ihnen ein anderes Geheimnis verraten: Das ist völlig egal. Wenn Sie Perfektion möchten, ist das ein gutes Zeichen. Sie müssen sich ihr aber annähern. Zu warten, bis etwas perfekt ist, funktioniert nicht, wenn Sie nicht irgendwann damit anfangen. Überwinden Sie also Ihre Selbstzweifel und fangen Sie an.

Wenn Sie an Ihre Idee und an Ihre Fähigkeiten glauben, ist das eine gute Eigenschaft, die Sie sich bewahren sollten. Denken Sie aber auch immer daran, dass Sie vermutlich nicht besonders gut dafür geeignet sind, sich ein Urteil zu bilden. Wenn Sie Ihr Angebot für perfekt halten, kann das durchaus daran liegen, dass es für Sie perfekt ist, weil Sie es so erschaffen haben. Für den Rest der Menschheit muss das nichts bedeuten. Eine zweite und dritte Meinung einzuholen, kann also den wichtigen Blick von außen bringen, der Ihnen sagt, was andere Menschen davon halten.

Wenn Sie eine zweite Meinung einholen wollen, ist Ihr erster Impuls vermutlich, Leute zu fragen, die Ihnen nahestehen und denen Sie vertrauen können. Das ist nett, aber meist wirkungslos. Dieses Vertrauen bezieht sich meist nicht darauf, Ihnen eine ehrliche Einschätzung zu geben. Sie können eher darauf vertrauen, dass diese Leute Ihre Gefühle nicht verletzen wollen. Wirklich brutale Ehrlichkeit können Sie da aber eben nicht erwarten.

Nutzen Sie das Internet auch hier zu Ihrem Vorteil. Fragen Sie Kollegen nach ihrer Meinung, tauschen Sie sich aus oder suchen Sie sich einen Coach. Man kann nicht alles wissen und man kann auch nicht immer alles neutral beurteilen. Sie haben irgendwann so viel Zeit, Geld, Energie und Herzblut in ein Projekt investiert, dass es Ihnen das Herz brechen würde, zu kritisch mit ihm zu sein. Wenn Sie aber wollen, dass Ihr Projekt wirklich sein volles Potenzial entfaltet, werden Sie den Tatsachen ins Auge sehen und auch harte Kritik akzeptieren müssen. Nur so kann es wachsen.

Suchen Sie also nach Kontakten, die Ihnen eine ehrliche Meinung geben können. Geben Sie im Gegenzug aber auch Ihre ehrliche Meinung, falls Sie jemand danach fragen sollte. Sehen Sie außerdem nicht die ganze Welt als Konkurrenz. Vertrauen Sie nicht jedem Konkurrenten blind, wenn er Ihnen Ratschläge gibt, aber denken Sie ruhig auch gelegentlich daran, dass diese Leute auch irgendwie Ihre Kollegen sind. Und wir alle wissen doch, dass es manchmal die Kollegen sind, die einen unangenehmen Job durchaus erträglich machen können. Warum sollten sie einen tollen Job nicht noch besser machen können?

## Ihr Job ist nicht der des Alleinunterhalters

Wenn man damit beginnt, sich ein Geschäft aufzubauen, hat man meist mit vielen Dingen zu kämpfen, die man nicht mal als Problem wahrnimmt. Die Gesellschaft hat uns so lange ein Bild davon vermittelt, wie die Dinge auszusehen haben, dass wir dieser Einschätzung folgen, ohne uns überhaupt Gedanken darüber zu machen. Die Erwartungen, möglichst viel Verantwortung übernehmen zu müssen und möglichst sparsam zu sein, führen dann dazu, dass wir alles selbst in die Hand nehmen möchten. Die Wahrheit ist natürlich, dass das nicht so ist. Wenn Sie am Anfang stehen und kein besonders großes Budget zur Verfügung haben, werden Sie Dinge machen müssen, die Ihnen nicht unbedingt gefallen, aber Sie sollten es auch nicht übertreiben.

Nehmen wir an, Sie verlassen eine Stelle, um sich selbstständig zu machen. Dann kann ich vermutlich davon ausgehen, dass Sie recht gut in Ihrem Job waren, wenn Sie jetzt ein solches Vertrauen darin haben. Dann konzentrieren Sie sich doch aber bitte auch auf Ihre Arbeit. Sie vertrauen darauf, dass Sie gut darin sind, aber Sie müssen nun Aufgaben erledigen, für die das nicht unbedingt gilt. Wenn ein Koch sein eigenes Restaurant eröffnet, wird er sich auf das Kochen konzentrieren wollen. Das Kellnern wird er vermutlich an andere Leute abgeben. Dazu braucht er Kapital, das Sie vielleicht im Moment noch nicht haben, aber es gibt immer gewisse Aufgaben, die Sie abgeben können, ohne gleich einen Kredit aufnehmen zu müssen.

Wenn Ihnen das komisch vorkommen sollte, kann ich Sie beruhigen. Ich gebe alle Aufgaben ab, die ich abgeben kann. Am Anfang verspürt man vielleicht ein leichtes Schuldgefühl, weil man daran gewöhnt ist, alles selbst machen zu wollen, weil man sich faul fühlt, wenn man andere Leute arbeiten lässt. Das ist aber schlicht Blödsinn. Unsere Zivilisation ist darauf aufgebaut, dass verschiedene Menschen verschiedene Dinge erledigen. Darum geht es. Wenn Sie also jemanden beauftragen, Ihre Buchhaltung zu übernehmen, ist das im Grunde nichts Anderes als jemanden dafür zu bezahlen, das Brot zu backen, das Sie essen. Und der Bäcker baut zudem das Getreide nicht selbst an. Wir geben viele Aufgaben ab, vergessen Sie das nicht!

Ihre Aufgabe in Ihrem jungen Unternehmen besteht darin, Ihren Job zu machen. Das ist in jedem Job so, aber jetzt ist es auch noch Ihre Verantwortung, sich immer wieder daran zu erinnern. Das Ziel ist es, an den Punkt zu kommen, an dem Sie Ihre Arbeit machen und den Feierabend verpassen, weil Sie so vertieft waren. Dieser Zustand, in dem Sie im Grunde auf Autopilot funktionieren, weil Sie so in Ihrem Element sind, dass Sie Ihren Instinkten vertrauen können. In diesem Zustand sind Sie am produktivsten und erzielen die besten Ergebnisse. Er ist Ihr Ziel und zugleich Ihr wichtigster Besitz. Daher ist jede noch so kleine Ablenkung von nun an Ihr größter Feind. Sie müssen die Kontrolle abgeben, wenn Sie sich wirklich in

Ihrer Arbeit verlieren wollen. Sorgen Sie für eine Umgebung, die perfekt für Ihre Arbeit ist.

Sie sind vermutlich nicht dazu geeignet, alles gleich gut zu machen, niemand ist das. Es ist keine Schande, sich Hilfe zu holen. Stephen King ist vermutlich nicht damit beschäftigt, Cover für seine Bücher zu entwerfen. Ein Rennfahrer umgibt sich mit einer Mannschaft, die ihm Aufgaben abnehmen. Lernen Sie daraus und besorgen Sie sich Hilfe. Tun Sie nach Möglichkeit nur noch, was Sie wirklich gut können und was Sie wirklich machen wollen. Ist das nicht letzten Endes der ganze Grund, warum Sie sich selbstständig machen wollten? Oder war es wirklich Ihr Ziel, von nun an auch die Dinge zu übernehmen, die nicht wirklich zu Ihrem Job gehören?

Fangen Sie am besten gleich damit an. Es gibt doch sicherlich mindestens eine Aufgabe, die Ihnen den Schweiß auf die Stirn treibt, wenn Sie daran denken, sie erledigen zu müssen. Sind es die Steuern? Damit wären Sie nicht alleine. Das Erstellen einer Website? Selbst im Online-Marketing wären Sie nicht alleine. Egal, welche Aufgabe es ist, die Sie abschreckt, nehmen Sie sie und statuieren Sie ein Exempel an ihr. Gewöhnen Sie sich erst gar nicht daran, sich mit dieser Aufgabe zu beschäftigen. Lernen Sie gleich zu Beginn, wie gut es sich anfühlen kann, Dinge abzugeben. Vielleicht spart es noch nicht wirklich viel Zeit, aber als psychologischer Effekt wirkt es oft Wunder.

Außerdem sollten wir auch schlichtweg den Tatsachen ins Auge sehen und eine weitere Wahrheit aussprechen. Wenn Sie etwas wirklich ungern tun, sind die Chancen recht hoch, dass Sie auch nicht besonders gut darin sind. Es mag vereinzelt Dinge geben, die wir ungern tun, obwohl wir sie wirklich beherrschen, aber in den meisten Fällen sind Sie besser beraten, sich auf die Dinge zu konzentrieren, die Ihnen Spaß machen. Wenn Sie sich jeden Tag zu Dingen zwingen müssen, halten Sie das vermutlich nicht lange durch.

Sie sollten auch bedenken, dass Ihr Tag nur 24 Stunden hat, von denen Sie vermutlich nicht alle mit Arbeit verbringen möchten. Ihrem Wachstum sind somit ganz konkrete Grenzen gesetzt. Wenn Sie die Arbeit an andere Leute abgeben, können Sie Ihren Tag zwar auch nicht verlängern, Sie können aber wesentlich mehr Arbeitszeit darin unterbringen.

Und diese ungeliebten Aufgaben halten Sie zudem wesentlich länger auf als andere Leute, die sie gerne erledigen. Das liegt zuerst daran, dass Ihnen vermutlich die Übung fehlt und Ihre Kenntnisse nicht denen von echten Profis entsprechen. Zudem haben einige dieser Dinge das Potenzial, so abschreckend zu sein, dass man auch andere Dinge kaum noch erledigt bekommt. Bevor sie getan sind, will man auch nichts Anderes in Angriff nehmen, das blockiert zusätzlich und am Ende des Tages hat man entweder nichts geleistet oder genügend unwichtige Dinge gefunden, die man vorschieben konnte. Glauben Sie mir, ich kenne das nur zu gut. Deswegen delegiere ich heute auch alles, was mir in die Quere kommt, mir fehlt schlicht die Zeit, mich mit gewissen Dingen zu beschäftigen. Und die Lust auch, wenn ich ehrlich sein soll.

Sehen Sie es doch so: Je weniger Sie tun müssen, um Geld zu verdienen, desto einfacher ist es doch. Wenn Sie alles alleine machen wollen, stehen Sie sich am Ende nur selbst im Weg. Dann verbrauchen Sie unglaublich viel Energie für Dinge, die es nicht wert sind, Energie, die Ihnen an anderer Stelle fehlen wird. Halten Sie sich nicht zu lange mit Dingen auf, die Ihren

Alltag unangenehmer machen. Sehen Sie es als eine Investition in die Zukunft. Wenn Sie jetzt gerade darüber nachdenken, Ihren Job zu kündigen, weil Sie es satt sind, für den Profit anderer Leute zu arbeiten, überlegen Sie sich, wie es Ihnen gefallen würde, dabei auf der anderen Seite zu stehen.

## Die Komplexität des Internet-Marketings

Wer im Netz erfolgreich sein will, muss eine ganze Menge Dinge beachten. Viele intelligente Menschen haben viel Zeit damit verbracht, Erfolgsrezepte zu sammeln und die Realität so lange zu verallgemeinern, dass am Ende abstrakte Konzepte stehen, die sich leicht durchschauen lassen. Das funktioniert aber leider für die wenigsten Themen. Je mehr Antworten man findet, desto mehr Fragen tauchen an anderer Stelle auf. Die Welt lässt sich selten so vereinfachen, dass man alle Antworten in ein einziges Buch pressen könnte.

Sie müssen aber zum Glück auch gar nicht alles wissen, um anzufangen. Dinge lassen sich auf den unterschiedlichsten Ebenen verstehen, von denen keine zwangsläufig überlegen ist. Um ein Auto fahren zu können, müssen Sie nichts über Motoren wissen. Und der Mechaniker, der Ihr Auto repariert, muss nicht zwangsläufig die chemischen Vorgänge bis ins letzte Detail verstehen, die in einem Verbrennungsmotor passieren. Ein Studium der Chemie ersetzt allerdings auch nicht den Führerschein. Ich denke, Sie verstehen, worauf ich hinaus will.

Beim Internet-Marketing ist es so, dass die meisten Dinge sich in der Praxis besser lernen lassen. Man kann Dinge testen und sieht, wie sie funktionieren. Es ist also tatsächlich ganz ähnlich wie beim Auto fahren, wo auch nicht alles in der Theorie gelernt werden kann. Allerdings ist es eben auch keine wirklich gute Idee, sich ans Steuer zu setzen und einfach drauf los zu fahren. Ein wenig Theorie ist schon nötig, um sich nicht in Gefahr zu bringen. Auch wenn es beim Internet-Marketing selten um Leben und Tod geht, gehen Sie doch gewisse Risiken ein. Sie investieren Geld, Zeit und Energie und sollte es nicht klappen, steht zu befürchten, dass es der einzige Versuch bleibt.

Sie werden es aber vermutlich schon geahnt haben, dieser Ratgeber ist genau dazu gemacht, Ihnen diese erste Theorie zu vermitteln, die es Ihnen erlaubt, selbst in die Praxis einzustcigen. Es sind drei Schritte, die den Anfang darstellen. Diese Schritte sind nicht alles, was Sie brauchen werden, sie reichen aber aus, um einen Anfang zu finden und erste Erfolge zu erzielen. Wenn Sie diese Schritte gemacht haben, können Sie sich ja außerdem noch immer Hilfe einkaufen, wie wir gesehen haben.

### Die drei Schritte, auf die es ankommt:

Genug der langen Vorrede. Hier präsentiere ich Ihnen die ersten drei Schritte, die Sie in genau dieser Reihenfolge in Angriff nehmen sollten:

1. Networken Sie, was das Zeug hält. Bauen Sie sich gleich zu Beginn ein Netzwerk auf, das so groß ist wie nur irgend möglich.

2. Verkaufen Sie richtig. Ein Prozess, um etwas zu verkaufen, ist enorm wichtig und sollte daher ausreichend durchdacht werden.

3. Automatisieren Sie. Wenn es etwas gibt, das Sie automatisieren können, tun Sie es.

Das ist es. Das sind die ersten drei Schritte, mit denen Sie Ihren Weg beginnen sollten, wenn er Sie zum Erfolg führen soll, wovon ich ausgehe. Sie sehen, es handelt sich zwar um vergleichsweise einfache Anweisungen, die aber trotzdem nicht ganz trivial sind. Wie gesagt, wenn es nur darum ginge, ein paar Knöpfe zu drücken, würden es ja alle machen. Aber haben Sie keine Angst, ich erwarte auch nicht das Unmögliche von Ihnen. In den kommenden Kapiteln möchte ich Ihnen sogar sehr detaillierte Möglichkeiten aufzeigen, wie Sie unsere drei Schritte angehen können. Letzten Endes liegt es natürlich immer an Ihnen, wie Sie sie umsetzen. Es hängt auch von Ihrer Situation ab, aber ich gebe Ihnen Tipps und Tricks an die Hand, die schon funktioniert haben. Selbst wenn Sie sie also abändern müssen, ist das immer noch einfacher, als ganz von vorne zu beginnen.

Jetzt fragen Sie sich vielleicht, ob das wirklich schon alles ist. Wie gesagt, es gibt durchaus noch andere Dinge, die dazugehören, wenn Sie erfolgreich sein wollen, aber dabei handelt es sich dann schon um die Kür, wir kümmern uns hier zunächst um die Pflicht. Erinnern Sie sich noch an das Beispiel des Kochs, der ein Restaurant eröffnen will? Er wird zunächst ein Gebäude suchen und sicherstellen, dass es eine passende Küche hat. Er wird zu diesem Zeitpunkt noch keine Kellner anstellen. Er erledigt diese Schritte in der sinnvollen Reihenfolge. Wenn sein Restaurant irgendwann erfolgreich ist, kann er sich überlegen, zu expandieren. Aber alles zu seiner Zeit.

## Schritt 1: Das richtige Netzwerk

Beginnen wir also endlich mit dem ersten Schritt. Ich möchte an dieser Stelle ein weiteres Mal betonen, dass es wichtig ist, diesen Schritt auch direkt am Anfang zu machen. Es ist zudem der wichtigste Schritt, der über Sieg und Niederlage entscheiden kann. Das Netzwerk hat es mittlerweile auch in die Diskussion geschafft, die abseits des Internet-Marketings stattfindet. Erfolg im Beruf wird immer häufiger damit in Verbindung gebracht, wen man kennt. Ich möchte dann eigentlich immer zustimmen und hinzufügen, dass ich das schon vor Jahren gesagt habe. Aber erstens sollte man sich solche Statements der Überlegenheit ja nach Möglichkeit verkneifen und zweitens hat das Netzwerk noch immer nicht den Stellenwert erreicht, den es meiner Meinung nach verdient hat. Denn gerade beim Internet-Marketing ist es das ganz zentrale Thema, das gilt aber auch in anderen Bereichen. Ein starkes Netzwerk kann gar nicht ausreichend geschätzt werden.

Ich muss an dieser Stelle allerdings auch erwähnen, dass hier einer der größten Unterschiede liegt, die es noch immer zwischen den Welten gibt. Im Netz ist es tatsächlich eine gute Idee, mit dem Netzwerk zu beginnen. Wenn Sie eher offline unterwegs sind, sieht das vermutlich etwas anders aus. Hier ist ein Netzwerk ebenfalls wichtig, es ist aber etwas schwerer, direkt damit zu beginnen.

Um Ihnen einen der wichtigsten Unterschiede zu verdeutlichen, stellen wir uns das Offline-Geschäft doch einfach wie einen echten Laden vor, was darin verkauft wird, ist im Grunde egal. Um mit Ihrem Geschäft Erfolg zu haben, müssen Sie natürlich Kunden in den Laden bekommen, das wäre quasi Ihr Netzwerk. Diese Kunden nützen Ihnen aber nichts, wenn Sie noch keine Produkte in den Regalen haben, die Sie auch verkaufen können. Das Online-Geschäft wäre in diesem Fall eher wie ein Restaurant oder eine Kneipe. Die Leute gehen hinein und setzen sich, wenn ihnen die Atmosphäre gefällt. Die Getränke müssen erst bestellt und geholt werden, das Essen ist im Zweifel auch noch nicht gekocht. Die Regale sind also sozusagen leer, das stört aber niemanden. Sie müssen Ihre Gäste hier zuerst überzeugen, zu bleiben, bevor Sie ihnen überhaupt etwas verkaufen können. Zuerst kommt das Netzwerk, dann das Verkaufen. Zu lange sollten Sie sie nicht warten lassen, aber ein wenig Zeit haben Sie eben doch.

Bleiben wir doch noch für einen Moment bei unserem Beispiel und gehen wir der Frage nach den Leuten nach, die wir in unserem Netzwerk haben wollen. Genau wie in einem Restaurant oder einer Kneipe gibt es auch ein bestimmtes Zielpublikum, das für uns wertvoller ist. Wer das letzten Endes ist, hängt in erster Linie von Ihnen und Ihrer Vision ab, daher möchte ich hier gar keine genauen Tipps geben, wen Sie suchen sollen. Ich möchte nur einen Moment innehalten und darauf hinweisen, dass ein Netzwerk nicht nur von seiner Größe lebt, sondern auch davon beeinflusst wird, wer sich darin befindet. Im Gegensatz zu einem echten Lokal haben Sie allerdings den Vorteil, dass Ihr Platz quasi unbegrenzt ist und sich die Gäste nicht wirklich gegenseitig begegnen. Es ist also nicht wirklich nötig, einen Türsteher einzustellen. Erschaffen Sie einfach einen Ort, an dem Leute sich wohlfühlen würden, die Sie dort haben möchten.

Die Idee, sich ein Netzwerk aufzubauen, setzt dabei aber zuge-
geben nur diverse Dinge um, die auch früher schon gut funktioniert haben. Sie tun damit quasi das, was man offline auch
tun würde, nur ist es für Sie wesentlich einfacher und verbindet mehrere Dinge. Sie können damit im Grunde gleichzeitig
Marktforschung betreiben und Dinge verkaufen. Sie sollten
übrigens auch hier genau die Reihenfolge beachten. Wer auch
nur die geringste Erfahrung hat, wird Ihnen nämlich sagen,
dass es wesentlich leichter ist, etwas zu verkaufen, das die Leute
auch haben wollen. Gut, vielleicht werden es nicht alle Verkäufer unbedingt zugeben wollen, dass sie einen solchen Vorteil
haben, aber das heißt ja nicht, dass es nicht doch stimmt.

Wenn Sie sich jetzt wundern, warum ich von Produkten spreche, wo ich doch eigentlich so tue, als ginge es gar nicht darum,
kann ich nur sagen, dass es wirklich nicht um das Produkt
geht. Es gibt schließlich für fast alles einen Markt und Leute,
die es kaufen würden. Es gibt aber auch nur noch sehr wenige
Dinge, die Ihnen die Leute aus den Händen reißen würden.
Wenn Sie zufällig eine neue Energiequelle gefunden haben,
die alle Probleme der Menschheit löst, würde ich Ihnen tatsächlich raten, diesen Ratgeber beiseitezulegen und direkt mit
dem Verkaufen zu beginnen. Der Rest von uns muss mit den
Bedingungen arbeiten, die wir haben. Und da kommt es eben
nur bedingt darauf an, dass das Produkt gut ist, sondern darauf, dass es zur Zielgruppe passt. Um das zu erreichen, kann
man entweder das Produkt oder die Zielgruppe ändern. Wir
entscheiden uns hier lediglich für die leichtere Variante.

Wenn die Menschen nicht kaufen wollen, was Sie anbieten,
können Sie im Zweifel machen, was Sie wollen, es wird nicht
viel helfen. Das bedeutet nicht, dass Sie nicht einen Kauf-
wunsch wecken könnten, aber einen wirklichen Bedarf zu

erzeugen, wird nicht gelingen. Vielleicht brauchen die Leute noch einen guten Verkäufer, der ihnen sagt, was sie brauchen, aber er sollte dabei zumindest Argumente haben. Als das iPad auf den Markt kam, hat es eine Menge Häme provoziert, zum Teil von Leuten, die ihr Tablet heute für nichts auf der Welt wieder hergeben würden. Dort bestand also ein Bedarf, von dem die Leute gar nicht ahnten, dass er da war. Das ist die Königsklasse. Wenn Ihnen das gelingt, haben Sie alles richtig gemacht. Aber keine Sorge, mittlerweile verdienen auch diverse andere Firmen gutes Geld damit, ähnliche Produkte herzustellen und zu verkaufen. Sie müssen also nicht immer alles selbst erreichen, um Erfolg zu haben.

Aber es gibt natürlich nicht nur Erfolgsgeschichten. Manchmal ist man seiner Zeit voraus und kann nichts daran ändern, weil die Leute sich einfach nicht überzeugen lassen. So könnte das Elektroauto beispielsweise schon recht lange auf den Straßen fahren, aber es war lange Zeit schlicht keine Nachfrage da. Solange Benzin billig war und unendlich schien, gab es keinen Grund, Alternativen auch nur zu erforschen. Wenn die Automobilindustrie es nicht schafft, eine Nachfrage zu erzeugen, würde ich mir da keine zu großen Hoffnungen machen, dass es mir gelingt.

Darum sollten Sie mit einem Netzwerk beginnen, von dem Sie rechtzeitig erfahren können, was es sich überhaupt wünscht. Die Leute werden nur kaufen, was sie auch wollen. Sie können sich anstrengen und ein paar Leute überzeugen, es ist aber wesentlich einfacher, ihnen gleich zu geben, was sie suchen. Wenn Sie mit dem Netzwerk beginnen, haben Sie sofort wichtige Informationen.

Im Internet ist daher auch ein ganz anderer Typ Verkäufer gefragt. Offline geht es hier viel um Sympathie, es sind aber auch andere Mechanismen am Werk. In der echten Welt kann sich ein Verkäufer darauf verlassen, dass man ihn nicht einfach stehen lässt. Wir Menschen sind schließlich in einem bestimmten System erzogen wurden, das uns eingetrichtert hat, bloß nicht unhöflich zu sein. Im Internet gilt das nur sehr selten. Hier haben Sie die Möglichkeit, eine Seite zu schließen, ohne dass das auf Sie zurückfallen würde. Es ist also schwieriger, jemanden gegen seinen Willen zu überzeugen. Das heißt, es ist eigentlich nur schwieriger, es zu versuchen, denn wer nur aus Höflichkeit zuhört, wird immer auch einen Grund finden, nichts zu kaufen.

John F. Kennedy fragte in einer Debatte das Publikum, ob es von seinem Kontrahenten einen Gebrauchtwagen kaufen würde. Das zeigt schön, wie wichtig die Persönlichkeit lange Zeit war, wenn es darum ging, etwas zu verkaufen. Man musste den Leuten vertrauen können, um mit ihnen Geschäfte zu machen, aber es gab keinen Weg, zu einer wirklich objektiven Entscheidung zu kommen. Sympathie wurde also zum entscheidenden Faktor, obwohl wir vermutlich alle wussten, dass wir den Verkäufern am wenigsten trauen sollten, die am besten darin waren, sympathisch zu wirken. Im Netz ist es aber wesentlich einfacher, gemocht zu werden. Sie müssen also nicht das Charisma haben, mit dem Sie auch Schauspieler hätten werden können. Sie können auch etwas verkaufen, ohne ein Meister der Verführung zu sein.

Das bedeutet aber auch, dass Sie es langsamer angehen können. Wir hatten bereits erklärt, dass Online-Marketing wie eine Kneipe funktioniert. Also lassen Sie den Leuten eine Weile Zeit, bis sie sich gesetzt haben. Gehen Sie zu Ihnen und fragen sie, was sie wünschen. Stürmen Sie nicht gleich auf sie zu, wenn sie den Laden betreten, als würden Sie ihnen ein Auto verkaufen wollen. Wenn die Gäste Sie fragen, was Sie empfehlen können, empfehlen Sie ihnen etwas, aber nur dann. Dabei sind wir auch gleich beim nächsten Punkt, warum ein Netzwerk zu Beginn Ihrer Karriere so wichtig ist. Sie müssen versuchen, die Leute zu überzeugen, dass Sie genau der richtige Ansprechpartner sind, wenn sie eine Empfehlung suchen.

Man spricht üblicherweise davon, sich als Experte zu positionieren, aber letzten Endes meint es genau das. Sie überzeugen die Leute frühzeitig, dass Sie Ahnung von Ihrem Geschäft haben. Wenn sie dann eine Empfehlung suchen, werden sie von alleine zu Ihnen kommen. Darum geht es. Sie haben ja vermutlich mitbekommen, dass es mittlerweile illegal ist, Privatleute ungefragt anzurufen, um ihnen etwas verkaufen zu wollen. Jetzt stellen Sie sich vor, die Leute rufen Sie an, um etwas von Ihnen zu kaufen. Das ist Ihr Ziel. Und wenn Sie es richtig machen, kommen die Leute sogar dann auf Sie zu, wenn Sie überhaupt kein konkretes Produkt im Angebot haben. Die Leute kommen also nicht auf Sie zu, um etwas zu kaufen, sie fragen zunächst, was sie überhaupt kaufen sollen. Wenn das nicht der Traum eines jeden Verkäufers ist, weiß ich nicht, was er sein soll.

## Ein paar Worte zum Thema Experten

Wenn ich Ihnen sage, dass Sie ein Experte werden sollen, haben Sie vermutlich eine recht genaue Vorstellung davon, was ich damit meine. Wir denken automatisch an die echten Koryphäen ihres Gebiets und sind uns sicher, dass wir diesen Status nie erreichen könnten. Denken Sie stattdessen lieber an das deutsche Fernsehen. Das ist übrigens ein Rat, den ich nur sehr selten gebe, aber hier scheint er passend. Im Fernsehen hat sich seit Jahren eine Kultur entwickelt, in der jeder Gast grundsätzlich ein Experte ist. Da gibt es Experten für Adelshäuser oder alltägliches Leben, dass es im Grunde eine wahre Freude ist. Ich warte nur noch darauf, dass uns endlich ein Experte präsentiert wird, der sich auf Experten spezialisiert hat und uns endlich seine Kollegen erklärt.

Dass jeder Mensch der Experte seines eigenen Lebens ist, klingt banal, aber wir sollten es uns ruhig vor Augen halten. Sie sind bereits ein Experte. Und das hängt nicht nur allein vom Thema ab, es kommt auch darauf an, wessen Perspektive wir einnehmen. Ein Lehrer, der an einem Gymnasium Physik unterrichtet, ist vermutlich für die meisten Menschen ein Experte in diesem Fach. Leute, die einen Nobelpreis in diesem Gebiet haben, sehen das vermutlich etwas anders. Im Internet finden sich aber zu jedem Thema viele Leute, die noch gar keine Ahnung haben. Um diesen Leuten etwas beizubringen, müssen Sie gar nicht so viel wissen. Es genügt vollkommen, wenn Sie gesunde Grundkenntnisse haben und mit etwas Selbstbewusstsein auftreten. Sie müssen nicht mehr wissen als alle anderen Menschen, Sie müssen sich nur die suchen, die weniger wissen als Sie. Das ist übrigens schon deswegen praktisch, weil es fast immer wesentlich mehr Leute gibt, die gar keine Ahnung haben. Je höher der Wissensstand, desto einsamer wird es unter den Experten. Sie müssen also nicht ganz nach oben, um genügend Kunden zu finden.

## Ihr Branding als Experte

Sie sind also ein Experte, so viel haben wir bereits festgestellt. Das nützt Ihnen nur leider recht wenig, wenn niemand davon weiß. Sie müssen sich also auch entsprechend verkaufen. Der

Prozess dahinter wird auch gerne Branding genannt, sollte aber nicht mit dem gleichnamigen Vorgang verwechselt werden, sich mit erhitztem Metall Verbrennungen zuführen zu lassen. Hier geht es darum, zur Marke zu werden. Dieses Konzept hat in den letzten Jahren auch eine gewisse Öffentlichkeit gefunden. Aber keine Angst, es geht nicht darum, sich so zu vermarkten, wie das gewisse Leute tun, die beruflich berühmt sind. Paris Hilton mag auch eine Marke sein, aber das meine ich hier nicht.

Das Internet gibt uns unzählige Möglichkeiten, mit anderen Menschen zu kommunizieren. Das ist zugleich Segen und Fluch. Denn wenn Sie das können, können andere Leute das schließlich auch. Sie befinden sich also ständig in direkter Konkurrenz mit Ihrer ganzen Branche. Wenn Sie irgendwo ein Ladengeschäft betreiben, haben Sie das Problem, dass nur Leute bei Ihnen kaufen werden, die in der Nähe wohnen. Sie haben aber auch das Glück, dass diese Leute keine besonders langen Wege auf sich nehmen werden, um bei der Konkurrenz zu kaufen. Im Internet gibt es diese Grenzen nicht mehr.

Und hier sind wir dann endgültig an dem Punkt angelangt, an dem wir uns damit abfinden müssen, dass das Internet nicht so funktioniert, wie wir es früher gewohnt waren. Denn im Netz wartet die Konkurrenz immer direkt um die Ecke, nur wenige Klicks entfernt. Wenn Sie einen potenziellen Kunden verloren haben, müssen Sie schon besonders viel Glück haben, wenn Sie jemals eine zweite Chance wollen. Sie haben aber noch ein weiteres Problem. Sie konkurrieren nämlich nicht nur mit Leuten aus Ihrer Branche, Sie konkurrieren mit dem gesamten Netz. Sie wollen Ihren Kunden vermutlich Lösungen für ihre Probleme bieten, das ist eine gute Strategie. Sie hat aber das Problem, dass Sie ihm auch sofort die Lösung zeigen müssen.

Wer will sich schon mit seinen Problemen beschäftigen? Wenn es nicht um Leben und Tod geht, werden die meisten Dinge eben gerne ignoriert. Wenn Sie ihm also zu lange von seinen Problemen erzählen, ohne zum Punkt zu kommen, wird er früher oder später resignieren und sich lieber wieder den süßen Katzenvideos zuwenden, die es an anderer Stelle gibt. Und da haben wir noch gar nicht von den Unmengen an Pornografie geredet, mit denen Sie sich messen lassen müssen.

Der Mensch im Internet ist nämlich ein sehr ungeduldiges Wesen. Sie müssen ihn nicht nur anlocken, Sie müssen ihn auch sofort fesseln, sonst ist er weg. Sie können aber auch nicht als Marktschreier auftreten und meinen, ihn dadurch beeindrucken zu können. Er wird jetzt schon an jeder Ecke aus allen Richtungen angeschrien. Sie müssen auch Inhalte liefern können, alles Andere kennt er schon mehr als genug.

Jetzt könnte ich Ihnen viele Dinge erzählen, was Sie tun können, um das zu erreichen. Ich könnte Begriffe wie Unique Selling Point verwenden. Aber letzten Endes läuft doch alles darauf hinaus, dass Sie Ihren Kunden packen müssen. Er muss neugierig werden, was Sie zu sagen haben. Dazu müssen Sie ihn aber ansprechen. Es genügt nicht, ein Plakat aufzuhängen und zu warten. Sie müssen genau wissen, was Ihr Kunde sucht und ihm genau das geben. Denken Sie daran, das Ziel ist es, dass der Kunde zu Ihnen kommt. Er hat also den ersten Schritt gemacht. Sorgen Sie dafür, dass er es nicht bereuen wird.

Sie haben etwas für ihn, mit dem Sie ihm helfen können. Darum geht es hier. Nicht darum, dass Sie ihm etwas verkaufen wollen. Sagen Sie ihm nicht, was er braucht, das weiß er besser als Sie. Ihr Job ist es, das auch zu wissen und es ihm zu geben. Sie sind nicht der Verkäufer, der ihm ein schrottreifes Auto verkaufen will, Sie sind ein Berater, der ihm dabei hilft, zu finden, was er sucht. Das ist das Ziel, aber leider ist das nicht so einfach. Wir haben also noch ein wenig Arbeit vor uns, wenn wir diesen Punkt erreichen wollen.

Wir haben also gesehen, dass wir ein Netzwerk brauchen, das zudem aus den richtigen Leuten bestehen sollte. Wer sind aber diese richtigen Leute und was verbindet sie? Das ist die große Frage, die wir uns stellen sollten, noch bevor wir damit beginnen, das Netzwerk auszubauen. Ich bin kein Fan davon, Dinge so lange zu planen, dass man nie dazu kommt, sie auch zu beginnen. Ich bin aber auch kein Fan davon, einfach so zu starten, ohne eine Ahnung zu haben, wie man seine Ziele erreicht. Das Motto »Egal wohin, Hauptsache Vollgas« ist nur dazu geeignet, uns von einem Ort weg zu bringen. Wenn wir eine Vorstellung davon haben, wo wir am Ende sein wollen, sollten wir uns Gedanken darüber machen, welche Richtung wir einschlagen. Am besten, bevor wir in die falsche Richtung fahren.

Sie müssen Ihre Kunden kennenlernen, bevor Sie ihnen begegnen. Auf diesem Weg haben Sie den Vorteil, dass die Kunden das Gefühl haben werden, Sie schon lange zu kennen. Wenn Sie ihnen etwas verkaufen wollen, müssen Sie sie auf ihrer Ebene ansprechen und eine Verbindung zu ihnen aufbauen. Marketing ist letzten Endes nichts Anderes als ein Wort dafür, Gefühle bei den Menschen zu erzeugen. Das tut man am besten, indem man ihnen eine Geschichte erzählt. Eine Geschichte kommt aber nie ohne eine Zielgruppe aus. Ein Märchen ist anders aufgebaut als eine Geschichte für Erwachsene, auch wenn beide die gleichen Themen behandeln sollten.

Bevor wir wirklich aktiv werden, müssen wir also anfangen, unsere Zielgruppe zu definieren und ihre Wünsche und Bedürfnisse kennenlernen. Unser Ziel ist es schließlich, den Leuten zu helfen. Sie müssen ihnen einen Weg zeigen, der sie dort abholt, wo sie sind und sie dort hinbringt, wo sie am Ende sein wollen. Wenn Sie aber jemand nach dem Weg fragt, brauchen Sie einige Informationen, um die Frage richtig beantworten zu können. Sie müssen wissen, wo er ist, wo er hin will und Sie müssen wissen, wie er sich fortbewegen kann. Wenn er zum Bahnhof laufen will, ist das eine andere Antwort, als wenn er mit dem Auto zum Flughafen will. Bevor wir mit dem Online-Marketing wirklich durchstarten können, müssen wir diese Fragen stellen. Und zwar ohne dass wir jemanden hätten, den wir fragen könnten. Denken Sie daran, wenn wir anfangen, Gegenfragen zu stellen, sucht der Kunde sich jemand Anderen.

Bevor wir wirklich anfangen, sollten wir also überlegen, wo sich unsere Kunden jetzt befinden, wo sie enden wollen und wie sie dort ankommen können. Im besten Fall schaffen wir es gleich, so viele Varianten wie möglich anzubieten.

Sie merken vielleicht, dass ich diesen Ratgeber ganz ähnlich aufgebaut habe. Zuerst ist es wichtig, zu wissen, was der Plan ist. Danach kann man sich daran machen, ihn in die Tat umzusetzen. Ich habe Ihnen nun dargelegt, was wir vorhaben, es wird also Zeit, die Ärmel hochzukrempeln und uns daran zu machen, jetzt auch aktiv zu werden. Schnallen Sie sich bitte an, es geht los.

## 1. Positionieren Sie sich!

Wir haben ja bereits gesehen, wie wichtig es ist, als Experte wahrgenommen zu werden, das bedeutet aber auch, dass Sie sich für ein bestimmtes Feld entscheiden müssen. Sie können nicht auf allen Hochzeiten tanzen, wie es so schön heißt. Das heißt, Sie können vielleicht schon, aber dann werden Sie mit Sicherheit nicht als Experte angesehen.

Es gibt Supermärkte, die ein breites Spektrum an Produkten anbieten, und Fachgeschäfte, die sich auf bestimmte Dinge spezialisieren. Wenn Sie nach echter Qualität suchen, gehen Sie in ein Fachgeschäft, das versteht sich im Grunde von selbst. Das liegt daran, dass Sie instinktiv wissen, dass Sie dort mehr erwarten können, wo man sich um nichts Anderes kümmert als um die Dinge, die Sie suchen. Ihr Ziel ist es also quasi, als ein solches Fachgeschäft wahrgenommen zu werden.

Jetzt sagen Sie vielleicht, dass aber Supermärkte ja schließlich auch Geld machen. Das stimmt. Genau genommen gehören Supermärkte und Discounter vielleicht sogar zu den erfolgreichsten Läden, die man haben kann. Sie dürfen aber nicht vergessen, dass Sie mit begrenzten Ressourcen arbeiten müssen. Ein Supermarkt macht sein Geld durch die Masse der Produkte, die er verkauft. Er muss keine Artikel für 100 Euro verkaufen, weil er stattdessen auch hundert Artikel für jeweils einen Euro verkaufen kann. Sie sind in Ihrer Zeit und Ihrer Arbeit aber eingeschränkt. Wenn Sie also wissen, dass Sie nur einen Artikel verkaufen können, gibt es keinen Grund, ihn nicht für einen möglichst hohen Preis verkaufen zu wollen.

Das hat aber auch eine reale Konsequenz: Sie verzichten ganz bewusst auf bestimmte Kunden. Sie können nicht alle Menschen glücklich machen, das ist klar, aber es ist doch erstaunlich schwer, sich das auch einzugestehen. Irgendwie sind wir ja doch konditioniert darauf, zu denken, dass wir ja vielleicht doch auch den Kunden bedienen sollten, der nicht in unsere

Zielgruppe fällt. Das führt aber zu nichts, oder wenigstens zu nichts Gutem.

Wenn Sie verzweifelt versuchen, eine neue Kundenschicht zu erreichen, werden Sie bei ihr kein besonders großes Vertrauen erzeugen können. Und wenn Sie Pech haben, verschrecken Sie zudem noch die Kunden, die Sie schon gewonnen haben. Und Sie werden Pech haben, glauben Sie mir. Stellen Sie sich vor, Sie müssten sich einer Operation unterziehen, nichts Ernstes, Routine eben. Als Sie den operierenden Arzt zum ersten Mal treffen, bietet er Ihnen an, auch noch Ihr Auto zu reparieren, weil er das nebenbei macht, er wollte eben einfach ein zweites Standbein haben. Hätten Sie wirklich noch genug Vertrauen in den Arzt, um sich von ihm operieren zu lassen? Oder Ihr Auto von ihm reparieren zu lassen? Ich wäre ernsthaft beeindruckt, wenn Sie es hätten, könnte es Ihnen aber wirklich nicht übel nehmen, wenn nicht.

Sie müssen sich frühzeitig entscheiden, was Sie machen wollen, und wem Sie Ihre Dienste anbieten wollen. Das ist aber natürlich keine ganz einfache Entscheidung. Sie erinnern sich vermutlich an dieses eine Fünftel der Kunden, das den Großteil Ihres Gewinns ausmacht, aber woher sollen Sie wissen, welche Kunden das sind, wenn Sie gerade erst anfangen? Sie können es eigentlich gar nicht wissen, Sie haben aber immerhin die Chance, sich rechtzeitig ein Bild zu machen, damit Sie wenigstens eine informierte Entscheidung treffen können.

Recherchieren Sie also, wer Ihre Zielgruppe ist. Lernen Sie sie kennen, was sie tun, wer sie sind und was sie sich wünschen. Wenn Sie Ihre zukünftigen Kunden kennen, können Sie sie auch ganz gezielt ansprechen. Also so, dass sie sich auch wirklich angesprochen fühlen. Wenn Sie versuchen, alle Menschen zu erreichen, werden Sie niemanden wirklich ansprechen und niemand wird sich von Ihnen angesprochen fühlen. Das ist, was ich meine, wenn ich sage, Sie sollten sich positionieren.

Was ist aber, wenn Sie mehr als einen Bereich haben, in dem Sie wirklich fit sind? Wenn Sie wirklich die Chance hätten, auch in einem benachbarten Feld Erfolg zu haben? Warten Sie einfach eine Weile. Wenn Sie Ihren Erfolg gefunden haben, können Sie immer noch darüber nachdenken, zu expandieren. Ihr neues Angebot wird dann eher als ein komplett unabhängiges Unterfangen gesehen, nicht wie zwei Dinge, die zusammengehören. Eine erfolgreiche Firma, die nun auch andere Produkte herstellt, wird meist positiver gesehen als eine Firma, die gleich zu Beginn verschiedene Dinge produzieren will.

Wenn ich Ihnen jetzt sage, dass Porsche auch Fahrräder herstellt, weckt das vermutlich bestimmte Assoziationen bei Ihnen. Wenn ich Ihnen von einer neuen Firma erzähle, die Fahrräder und Autos herstellt, hat das vermutlich einen anderen Effekt. Das liegt einfach daran, dass Porsche sich ohne jeden Zweifel einen Namen gemacht hat. Die Firma hat sich ein Image erarbeitet, das es ihr erlaubt hat, auch andere Dinge in Angriff zu nehmen, ohne ihren Ruf zu beschädigen. Ich persönlich bewerte die Autos der Firma jedenfalls nicht grundlegend anders, seit ich davon weiß. Hätte ich den Namen aber noch nie gehört, würde es mich vermutlich schon beeinflussen.

Wenn Sie Ihr Angebot später verbreitern wollen, haben Sie zudem noch weitere Vorteile. Zunächst wissen Sie dann schon, wie es geht. Ich versuche ja, Ihnen hier zu erklären, wie Sie bestimmte Dinge am besten angehen, aber ich habe Ihnen ja bereits gesagt, dass praktische Erfahrungen auf Dauer nicht zu ersetzen sind. Sie lernen also zunächst an einem Objekt und wenden danach Ihre Erkenntnisse auf das nächste an, so sollte es doch auch sein. Außerdem ist unser Ziel ja ein Geschäft, das im Grunde von alleine funktioniert. Wenn also alles läuft, haben Sie auch wieder die Zeit, das nächste Projekt anzugehen. Mein Weg erfordert zwar einiges an Arbeit, er ist aber auch so aufgebaut, dass Sie diese Arbeit hauptsächlich zu Beginn erledigen müssen. Da lohnt es sich doch ganz besonders, sich gleich richtig anzustrengen.

## 2. Die Analyse Ihrer Zielgruppe

Ist Ihnen eigentlich aufgefallen, dass ich hier immer von Arbeit spreche, Sie aber noch nichts getan haben, außer zu lesen? Das ändert sich jetzt zumindest ein wenig. Ich bin kein Fan davon, Dinge zu beginnen, bevor man wirklich weiß, wie sie funktionieren. Deshalb werden wir hier jetzt auch nicht in blinden Aktionismus verfallen und einfach anfangen. Das Beobachten und Analysieren Ihrer Zielgruppe ist aber etwas, mit dem Sie jetzt ruhig schon beginnen sollten. Das ist ohnehin ein langwieriger Prozess, der Sie lange auf Ihrem Weg begleiten wird.

Sprechen Sie mit den Leuten, lesen Sie, was sie schreiben, und was andere Leute über sie schreiben. Das Internet ist voller Meinungen und Diskussionen, die Sie bequem von Ihrem Sessel aus verfolgen können. Suchen Sie ganz bewusst nach Möglichkeiten, Ihre Zielgruppe kennenzulernen und zu beobachten. Sie sollten aber mit einer gewissen Struktur vorgehen. Machen Sie sich ruhig Notizen. Fangen Sie am besten schon damit an, bevor Sie Ihre Recherche starten, und sehen Sie, ob Sie richtig lagen. Ihre Erwartungen selbst können auch dann sehr nützlich sein, wenn sie nicht zutreffen. Wenn solche Annahmen weit verbreitet sind, können Sie das später nutzen und mit Ihren Kunden auf einer Ebene kommunizieren, die

die Konkurrenz nicht erreicht, weil sie an ihren Vorurteilen festhält, anstatt auf die Menschen zu hören.

**Stellen Sie sich die folgenden Fragen über Ihre Zielgruppe:**

Was sind ihre Ängste, ihre täglichen Sorgen und die Hürden, die sie daran hindern, ihre Wünsche zu erfüllen? Was sind überhaupt ihre Ziele und Träume? Wie sieht ihr Alltag aus? Was erleben sie jeden Tag? Mit welchen Problemen und Frustrationen haben sie zu kämpfen? Was motiviert sie? Warum tun sie, was sie tun, wollen sie, was sie wollen? Welche Erfahrungen haben sie mit existierenden Produkten gemacht? Was sind die Schlüsselfrustrationen Ihrer Zielgruppe?

Denken Sie über diese Fragen nach. Schreiben Sie Ihre Gedanken am besten auf und behalten Sie die Unterlagen, Sie werden sie noch brauchen. Es kommt dabei nicht unbedingt darauf an, was Sie jetzt aufgeschrieben haben, es geht darum, was Sie noch aufschreiben werden. Wiederholen Sie diesen Prozess regelmäßig. Suchen Sie ständig nach den Antworten auf diese Fragen und schreiben Sie diese auf. Was Sie jetzt in Ihren Händen halten, ist Ihr größter Schatz, es ist die Landkarte, die Ihnen sagen wird, was Sie tun sollen, und wohin Sie gehen sollen. Sie können diese Karte dabei aber selbst beeinflussen. Wenn Sie neue Erkenntnisse gewinnen, ändert sich auch Ihre Karte automatisch und zeigt Ihnen weiterhin den besten Weg.

# 3. USP – das Alleinstellungsmerkmal

Je nachdem, wen Sie fragen, steht USP entweder für Unique Selling Proposition oder Unique Selling Point. Wikipedia führt den entsprechenden Artikel übrigens unter Alleinstellungsmerkmal, was schon ganz gut verdeutlicht, worum es hier geht. Es geht nämlich darum, einen Grund zu finden, warum die Leute ausgerechnet bei Ihnen kaufen sollten. Eine Antwort auf diese Frage zu finden und zu kommunizieren, ist der ganze Grund, warum wir uns so sehr damit beschäftigt haben, die Zielgruppe kennenzulernen.

Letzten Endes handelt es sich beim USP ja auch wieder nur um etwas, bei dem die Experten einen Namen für einen Zustand gefunden haben, der ohnehin offensichtlich war. Wenn Sie wollen, dass jemand etwas kauft, müssen Sie ihm einen Grund geben, es zu kaufen. Man muss nun wahrlich nicht studiert haben, um diesen Sachverhalt erahnen zu können. Es ist aber trotzdem sinnvoll, sich das alles ganz klar vor Augen zu halten, denn es ist eben so offensichtlich, dass es auch wieder leicht vergessen wird.

Es hängt allerdings auch nicht unwesentlich davon ab, in welcher Branche Sie sich bewegen. Wer regelmäßige Kunden hat, kann sich bis zu einem gewissen Punkt darauf verlassen, dass die Gewohnheit ein Argument wird, bei Ihnen zu bleiben. Sie müssen aber die Kunden trotzdem erst an den Punkt bekommen, was zudem dadurch erschwert wird, dass sie vermutlich noch bei einem Ihrer Konkurrenten kaufen, wo sie natürlich ebenfalls eine gewisse Loyalität entwickelt haben. Es bleibt also in jedem Fall dabei, dass Sie Ihren potenziellen Kunden einen guten Grund geben müssen, zu Ihnen zu kommen.

Ich möchte an diesem Punkt übrigens gesondert betonen, dass Sie ruhig konkret in der Botschaft werden können, die Sie verbreiten. Wir haben ja gesehen, dass Sie keinen Grund finden werden, der die gesamte Menschheit überzeugt. Sie bewegen sich ja aber zum Glück im Internet, das heißt, Sie können eine Masse an Menschen ansprechen, die so groß ist, dass sich schon mit einem recht geringen Anteil davon ein beachtliches Geschäft machen lässt.

Nachdem ich Ihnen jetzt eingetrichtert habe, wie wichtig ein USP ist, ahnen Sie vermutlich schon, dass er Ihnen nicht einfach so in die Hände fallen wird. Das stimmt leider auch. Die Ausnahme bildet hier übrigens die schon sprichwörtlich geniale Geschäftsidee, die sich von alleine verkauft. Wenn Sie die haben und ein völlig neues Produkt entwickeln, ist das Alleinstellungsmerkmal in der Regel schon gegeben und Sie müssen sich »nur« noch Gedanken machen, wie Sie das kommunizieren können. Wenn Sie aber mit einem Produkt antreten wollen, das nicht sofort seine ganze Branche revolutioniert, werden Sie sich schon ein wenig anstrengen müssen. Das macht aber nichts, uns geht es fast allen so und wir haben es schließlich auch geschafft.

Um Ihr Alleinstellungsmerkmal zu finden, müssen Sie sowohl sich selbst als auch den Markt genau betrachten und analysieren. Was gibt es bereits? Was ist daran gut? Was ist daran schlecht? Was können Sie besser machen? Was machen Sie schon besser? Was wollen die Leute, was ihnen noch nicht angeboten wird?

Sie sehen vermutlich schon, dass hier auch wieder die Beobachtungen ins Spiel kommen, die Sie über Ihre Zielgruppe angestellt haben. Verlieren Sie die auch nicht aus dem Blick, sonst haben Sie am Ende noch ein Produkt, das so perfekt auf Ihre eigenen Vorstellungen abgestimmt ist, dass nur Sie es wirklich wollen. Das ist nett, aber keine gute Basis, um auch etwas zu verkaufen.

Denken Sie bitte immer daran, dass ein Alleinstellungsmerkmal nicht unbedingt alles auf den Kopf stellen muss. Wenn man an erfolgreiche Produkte denkt, kommen einem meist spektakuläre Geschichten in den Sinn. Ja, Apple hat mit dem iPhone einen Erfolg hingelegt, der sich kaum vergleichen lässt. Vergessen Sie aber eben nicht, dass es auch unzählige andere Firmen gibt, die mit ihren Modellen ebenfalls Geld verdient haben. »Es ist im Grunde wie ein iPhone, kostet aber weniger« kann auch ein Alleinstellungsmerkmal sein.

Wissen Sie, was zudem echtes Potenzial hat, als Alleinstellungsmerkmal zu dienen? Ihr Branding als Experte. Wenn die Leute schon wissen, dass Sie Ahnung von dem haben, was Sie machen, werden Sie das natürlich auch auf Produkte übertragen, die Sie anbieten. Haben Sie in letzter Zeit Fußball gesehen? Da gibt es üblicherweise drei verschiedene Sorten von Männern, mit denen Sie konfrontiert werden. (Dass es tatsächlich fast immer Männer sind, wäre ein Thema für sich, das hier zu weit führen würde. Ich möchte nur kurz darauf hinweisen, dass Frauen hier ein echtes Alleinstellungsmerkmal hätten.) Es gibt den Moderator, den Kommentator und den Experten. Der Experte ist fast immer ein ehemaliger Spieler. Seine eigentliche Rolle unterscheidet sich nicht einmal besonders von denen der anderen Beteiligten, er moderiert oder kommentiert schließlich auch. Seine Rolle als Experte entsteht nur durch seine Vergangenheit. Weil er selbst gespielt hat, trauen wir ihm zu, dass er besonders gut geeignet ist, über das Spiel zu sprechen, seine sonstigen Qualifikationen sind da eher zweitrangig. Wenn Sie sich einen ähnlichen Ruf aufbauen können, werden Sie mehr Erfolg damit haben, Dinge zu verkaufen, weil die Leute Sie automatisch für qualifiziert halten, ihnen zu sagen, was gut ist.

## Schaffen Sie sich eine Plattform!

Jetzt habe ich Ihnen also ausgiebig erzählt, dass Sie sich als Experte positionieren sollten, um Erfolg zu haben. Wie machen Sie das aber am besten? Wie sollen Sie Erfolg haben, um später Erfolg haben zu können? Das Problem ist ja gerade, dass Sie sich nur dann als Experte positionieren können, wenn Sie auch etwas haben, das Sie vorzeigen können. Wenn ich jetzt von Ihnen verlangen würde, dass Sie sich über Ihren Erfolg zum Experten machen, würde sich die Katze ja an mehr als einer Stelle in den Schwanz beißen. Wie machen Sie es also in der Praxis?

Die Antwort auf diese Frage ist zugleich sehr einfach und sehr schwer: Sie beschaffen sich einen Blog oder eine andere Website und machen dieses Medium erfolgreich. Ich weiß, das mag im ersten Moment genauso widersprüchlich klingen, es ist aber tatsächlich ein anderer Sachverhalt. Der Erfolg Ihres Blogs wird in diesem Fall nämlich nicht in Geld gemessen, sondern in Aufmerksamkeit. Ihr Ziel ist es, gelesen zu werden, nicht, etwas zu verkaufen, das kommt erst einen Schritt später. Wenn Sie eine bekannte Seite haben, werden die Leute Sie als Experten ansehen. Vielleicht bekommen Sie sogar die Gelegenheit, auf anderen Seiten zu schreiben, was sowohl Ihrem Status als auch Ihrer Bekanntheit hilft.

Ich unterscheide hier übrigens ganz bewusst zwischen Ihrem Status als Experte und Ihrer Bekanntheit. Diese beiden Dinge hängen zwar zusammen, sind aber nicht identisch. Ich muss Sie ja immerhin erst kennen, bevor ich Sie als Experten sehe. Sie zu kennen, reicht aber noch nicht aus, ich kenne leider so einige Leute, denen ich nicht die geringste Kompetenz zutrauen würde. Sie müssen also daran arbeiten, diese beiden Größen zu beeinflussen. Je besser Sie sich präsentieren, desto höher der Prozentsatz der Leute, die Sie als das wahrnehmen, was Sie sind. Wenn Sie aber nur wenige Leute erreichen, können Sie auch nur wenige Leute überzeugen.

Die Inhalte sind wichtig, das versteht sich von selbst, was aber gerne vergessen wird, ist, sich auch um Leser zu kümmern. Qualität alleine reicht eben leider meist nicht aus, um erfolgreich zu werden. Das erste und wichtigste Ziel einer Seite muss daher also sein, neue Leser zu finden. Der Rest ergibt sich dann schon, die Leser sind das entscheidende Kriterium.

## 4. Bloggen Sie los!

Sie haben an diesem Punkt schon eine ganze Menge an Vorarbeit geleistet. Sie haben Ihre Zielgruppe analysiert und sich mit Ihrem USP beschäftigt. Jetzt kommt langsam der Moment der Wahrheit, an dem Sie Ihr Schneckenhaus verlassen und mit der Welt in Kontakt treten. Sie können ja schließlich ohne andere Menschen schlecht ein Netzwerk aufbauen.

Es wäre wohl durchaus möglich, diesen Teil zu überspringen und sich sofort in die sozialen Netzwerke zu stürzen, ich würde Ihnen aber davon abraten. Ich selbst bin ein Verfechter des Blogs als eine der besten Möglichkeiten, im Internet etwas zu erreichen. Das bezieht sich übrigens nicht nur auf Marketing, gilt dort aber ganz besonders.

Und wenn wir ehrlich sind, ist eine eigene Seite eigentlich schon eine Selbstverständlichkeit, wenn Sie im Netz nach Kunden suchen. Es gab Zeiten, da ging es vielleicht ohne Website, aber das ist heute schon schwer, selbst wenn Sie nur offline Erfolg haben wollen. Im Internet selbst ohne eigene Seite erfolgreich zu sein, ist schwer, ganz besonders, wenn Sie seriös wirken wollen. Es ist durchaus möglich, über Kanäle wie Twitter oder Facebook Menschen zu finden, die sich für Sie interessieren. Der nächste Schritt ist aber, dass Sie diesen Leuten dann etwas geben, mit dem Sie sie überzeugen können. Diese Inhalte gehören aber auf Ihre eigene Seite, wo Sie die alleinige Kontrolle haben.

Wenn Sie sich jetzt vielleicht Sorgen machen, dass Sie Probleme damit haben könnten, die technischen Aspekte zu meistern, kann ich Sie übrigens beruhigen. WordPress heißt hier das Zauberwort und ist bei Bloggern und Suchmaschinen gleichermaßen beliebt. Ich möchte hier auch gar nicht zu sehr ins Detail gehen, da es sich nun wirklich nicht mehr um einen Geheimtipp handelt. Mittlerweile ist WordPress so weit verbreitet, dass man schon einen guten Grund braucht, um es nicht zu nutzen.

Wenn Sie allerdings trotzdem nicht begeistert sind, sich selbst um Ihre eigene Seite zu kümmern, denken Sie daran, was wir vor einiger Zeit festgestellt haben. Wenn Sie sich das nicht zutrauen, suchen Sie sich jemanden, der es für Sie übernimmt. Wenn die Seite erst existiert, wird es Ihnen recht leicht fallen, sich langsam an die Vorgänge zu gewöhnen, um sich regelmäßig darum zu kümmern. Gerade WordPress ist schließlich extra dafür entwickelt worden, möglichst vielen Menschen die Möglichkeit zu geben, bloggen zu können.

Nachdem wir also die Frage der Technik geklärt hätten, bleibt eigentlich nur noch die, was Sie schreiben sollen. Das ist natürlich leider auch die größte und schwerste Frage, bei der ich Ihnen zudem nur wenig helfen kann. Es sollte natürlich gut und hochwertig sein, aber ich fürchte, das hilft Ihnen jetzt auch nicht sonderlich weiter. Sie können sich natürlich an den Fragen und Antworten orientieren, die Sie über Ihr Zielpublikum gefunden haben. Aber hier kommen wir schlicht und einfach an den Punkt, an dem Sie auch wirklich etwas zu sagen haben müssen.

Veröffentlichen Sie regelmäßig neue und hochwertige Inhalte. Das ist der beste Tipp, den ich Ihnen geben kann, so abstrakt er auch sein mag. Ein erfolgreicher Blogger zu werden, ist ein ganz eigenes Thema, mit dem sich auch ganze Ratgeber füllen lassen. Sie haben den Vorteil, dass Sie nicht planen, mit dem Blog selbst Geld zu verdienen, Sie können sich hier also ganz auf die Inhalte konzentrieren und müssen sich keine Sorgen machen, dass Sie Besucher mit Werbung verschrecken könnten. Halten Sie den Kontakt zu Ihrer Zielgruppe und achten Sie darauf, wofür sie sich interessiert. Schreiben Sie die Artikel, die Sie selbst gerne zum Thema lesen würden. Schreiben Sie die Artikel, die Ihr Publikum gerne liest. Schreiben Sie auch gelegentlich die Art Artikel, von der Sie glauben, dass Ihr Publikum sie gerne lesen würde. Kurz gesagt: Nutzen Sie jede Gelegenheit, der Welt zu zeigen, dass Sie Ahnung von Ihrem Thema haben, dass Sie ein Experte sind.

Bereiten Sie sich aber gleich zu Beginn darauf vor, Erfolg mit Ihrer Seite zu haben. Gehen Sie gleich davon aus, dass regelmäßig neue Leser auf Ihren Blog aufmerksam werden. Sie können nicht wissen, wo diese Leute genau landen werden, Sie sollten aber dafür sorgen, dass sie sofort erkennen, was Sie ihnen zu bieten haben. Erstellen Sie also beispielsweise einen eigenen Artikel, den Sie prominent auf jeder Unterseite verlinken, in dem Sie neuen Lesern erklären, wo sie gelandet sind. Stellen Sie sich kurz vor, aber langweilen Sie sie nicht mit zu vielen Details aus Ihrem Leben. Verlinken Sie direkt Ihre wichtigsten und typischsten Artikel und halten Sie diese Liste aktuell. Geben Sie schlicht einen kurzen und präzisen Abriss darüber, was man bei Ihnen finden kann und warum man bleiben sollte. Präsentieren Sie sich also sofort als Experte, wenn der Besucher durch die Tür kommt.

Sie sehen also, dass ich ein glühender Anhänger des Blogs bin. Wenn Sie sich intensiv mit der Materie beschäftigen, haben Sie zudem den Vorteil, dass Sie auch ständig dazulernen und immer wissen, was in Ihrer Branche gerade passiert. Sie knüpfen vermutlich schon erste Kontakte, ohne das gezielt zu forcieren. Das sind zudem nicht notwendigerweise Kontakte zu potenziellen Kunden, Sie lernen auch Kollegen kennen, mit denen Sie vielleicht später zusammenarbeiten könnten. Sie lernen aber in jedem Fall etwas über Ihre Konkurrenten, was Ihnen dabei helfen wird, Ihre Marktforschung weiter zu perfektionieren. Sie lernen also quasi nebenher Ihre Branche wesentlich besser kennen.

Wenn es etwas gibt, das Sie tun können, bevor Sie mit diesem Ratgeber fertig sind, ist es, einen Blog zu starten. Sie können damit gar nicht zu früh beginnen. Schreiben Sie Ihre ersten Artikel, wenn Sie einen Moment Zeit haben. Im schlimmsten Fall könnten Sie Ihre ersten Versuche ja für sich behalten oder sie gar später wieder löschen, aber so schlimm wird es bestimmt nicht werden. Legen Sie einfach los, jeder Blogger hat irgendwann klein angefangen, ganz egal, wie erfolgreich er heute ist. Erschaffen Sie mit Ihrer Seite den Ort, den Sie sich immer gewünscht haben. An diesem Punkt sollten Sie ja bereits recht genau wissen, was Ihr Zielpublikum von einer Seite erwartet. Geben Sie es ihm doch einfach.

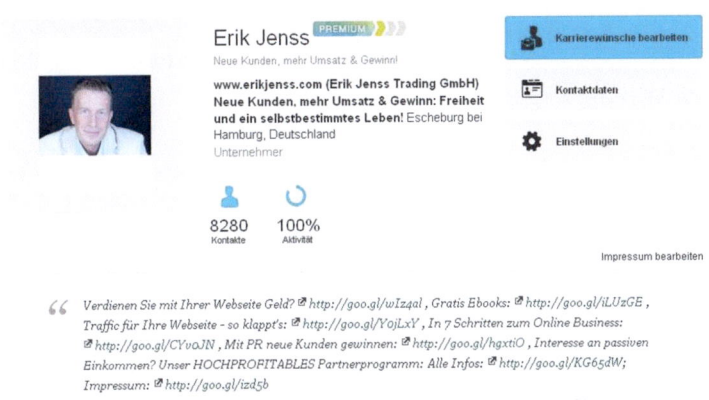

# 5. XING

Sie haben Ihre Hausaufgaben gemacht, haben Zielgruppen
beobachtet und analysiert und haben eventuell schon Ihren
eigenen Blog gestartet. Dann ist es jetzt langsam aber sicher
an der Zeit, sich Gedanken über dieses Netzwerk zu machen,
von dem ich so gerne rede. Soziale Netzwerke sind besonders
hilfreich dabei, sich zu vernetzen, das deutet ja schon der Be-
griff dezent an. Bevor Sie jetzt aber anfangen, sich Profile auf
sämtlichen Plattformen zu besorgen, möchte ich kurz auf das
Netzwerk hinweisen, das besonders gut dafür geeignet ist, für
unsere Zwecke genutzt zu werden.

XING ist nicht einfach nur ein soziales Netzwerk, das versucht,
sich gegen die großen Platzhirsche der Branche zu behaupten.
XING hat sich ganz bewusst darauf konzentriert, Geschäftsleuten eine Heimat zu bieten. Das Klima dort ist entsprechend
professionell geprägt und bietet sich daher geradezu an, von Ihnen für Ihr Netzwerk genutzt zu werden. Fällt Ihnen übrigens
auf, wie XING es geschafft hat, sich in einem umkämpften

Markt zu etablieren? Das Netzwerk hat sich eine Nische gesucht und sich voll darauf konzentriert. Man könnte sagen, es hat sich als Experte positioniert.

XING ist also wirklich Ihre erste Anlaufstelle beim Aufbau Ihres Netzwerks, weil keine Alternative existiert, die auch nur ansatzweise so gut auf Ihre Bedürfnisse zugeschnitten ist. Man könnte sagen, XING hat einen wirklich beeindruckenden USP. Sie können zudem einige Dinge recht bequem automatisieren. Das soll hier allerdings noch nicht das Thema sein, ich möchte Sie nur davor warnen, sich jetzt schon Arbeit zu machen, die Sie sich hätten ersparen können.

Hier soll es zunächst nur darum gehen, wie Sie Ihr Profil am besten gestalten. Sie erinnern sich ja vermutlich daran, was ich Ihnen über Ihre Website gesagt habe. Der erste Eindruck ist immer entscheidend, aber gerade bei sozialen Netzwerken spielt er eine noch größere Rolle. Sie sollten also gleich zu Beginn an Ihr Profil denken, bevor Sie die ersten Besucher anlocken, die Sie nicht überzeugen können. Es ist dabei auch gar nicht sonderlich schwer, sein Profil ansprechend zu gestalten, es geht nur um ein paar kleine Tipps und Kniffe, die ich Ihnen gerne verraten würde.

Ich sollte Sie aber auch darauf hinweisen, dass es sich hier natürlich nicht um einen Rat handelt, der sich primär um XING dreht, also gibt es eine gewisse Grenze, wie tief ich hier ins Detail gehen kann. Ich versuche, Ihnen einen guten ersten Überblick zu vermitteln. So ein Netzwerk hat ja auch immer seine eigenen Regeln, die nicht immer ganz offensichtlich sind. Es ist also nicht die schlechteste Idee, wenn Sie ein wenig Recherche betreiben, bevor Sie auf die Leute zugehen.

Aber kommen wir nun zu ein paar ganz konkreten Tipps für Ihr Profil:

## Machen Sie den besten ersten Eindruck, den Sie machen können!

Ich gebe zu, das ist jetzt nicht wirklich konkret und ich selbst wüsste auch nicht, was ich damit anfangen soll. Es ist aber trotzdem das Ziel, um das es hier geht. Wir sollten also in keinem Fall vergessen, dass wir alles nur tun, um genau das zu erreichen.

## Erzählen Sie die richtige Geschichte!

Ihr Ziel ist es, Emotionen zu wecken. Präsentieren Sie sich also gleich in einem Licht, das verdeutlicht, dass Sie jemand sind, der seine Kunden versteht und ihnen helfen kann. Es ist zudem wichtig, dass Sie Ihr Profil gleich aus der Sicht Ihrer Kunden betrachten. Sie haben mittlerweile genug Arbeit investiert, um zu wissen, was Ihre Zielgruppe sucht. Vergessen Sie das nicht, weil Sie sich lieber so darstellen wollen, wie Sie gesehen werden wollen. Es geht hier nicht um Sie, es geht um die Kunden. Das müssen Sie sich nicht nur vor Augen führen, Sie müssen es auch an Ihre Kunden weitergeben. Wenn sie sich angesprochen fühlen, können sie auch überzeugt werden.

Sie haben die Möglichkeit, auf einer gesonderten Seite etwas persönlicher zu werden. Unter dem Schlagwort »Portfolio« wird Ihnen die Chance eingeräumt, etwas über sich zu erzählen. Machen Sie jetzt aber bloß nicht den Fehler, alles zu vergessen, was ich gerade gesagt habe. Im Gegenteil, wenn Sie diese Rubrik richtig nutzen, kann sie zu einem Ihrer besten

Werkzeuge werden. Der Trick ist, dass Sie etwas über sich erzählen, was für den potenziellen Kunden von Interesse ist. Behandeln Sie den Prozess am besten wie eine Bewerbung, nur ohne die formalen Anforderungen. Wenn Sie beispielsweise einen Abschluss haben, der Ihnen hilft, sich besser als Experte zu positionieren, erwähnen Sie ihn. Was aber nichts zur Sache tut, können Sie einfach weglassen. Sie müssen hier keinen lückenlosen Lebenslauf aufschreiben, Sie sollen eine Geschichte erzählen, die zeigt, wie Sie dort angekommen sind, wo Sie sich jetzt befinden. Und noch viel wichtiger: Wie hilft Ihre Position Ihrem potenziellen Kunden? Das ist die Frage, die Sie immer im Hinterkopf behalten sollten. Sie müssen die Leute überzeugen, dass Sie ihnen helfen können, ganz egal, ob Sie gerade von sich oder von Ihrem Produkt sprechen.

## 6. Das Netzwerk wird errichtet

Die Vorarbeiten sind erledigt, Sie haben ein Profil, auf das Sie stolz sein können, es ist also endlich so weit und Sie können damit anfangen, Leute in Ihr neues Netzwerk aufzunehmen. Wenn Sie jemanden kennen, der bei XING ist, fangen Sie ruhig damit an, ihm eine Kontaktanfrage zu schicken. Es mag vielleicht nicht unbedingt so sein, dass Sie Ihren Freunden und Verwandten etwas verkaufen wollen, aber es ist ein guter Anfang, um ein Gefühl dafür zu bekommen, wie alles funktioniert. Es kann außerdem nicht schaden, wenn Sie schon mit ein paar Leuten vernetzt sind, bevor Sie beginnen, wildfremde Leute anzuschreiben.

Sie sollten aber auch nicht zu lange warten, bis Sie sich an die breitere Öffentlichkeit wagen. Wenn Sie es sich zu bequem machen, gehen Sie das Risiko ein, dass Sie die wichtigen Aktionen unnötig lange verschieben. Ich würde nicht empfehlen, gleich übermäßig aktiv zu werden, aber wer zu lange wartet, tut es oft gar nicht. Sie sollten es ruhig etwas langsamer angehen lassen, da ja durchaus die Möglichkeit besteht, dass Sie Fehler machen. Davon sollten Sie sich nicht abhalten lassen, aber eine gewisse Vorsicht ist auch nicht die schlechteste Idee. Wenn Sie mehr Erfahrung haben und Ihre Abläufe optimiert und automatisiert haben, können Sie Ihre Aktivitäten immer noch verstärken. Jetzt ist in erster Linie wichtig, dass Sie überhaupt anfangen.

Betrachten Sie dieses Netzwerk, das Sie sich hier aufbauen, übrigens als eine Art Lebensversicherung für Ihr Geschäft. Wenn Sie es richtig anstellen, kommen die Kunden in Zukunft zu Ihnen, ohne dass Sie etwas dafür tun müssten. Es war schon immer so, dass die Leute erfolgreich wurden, die die besten und die meisten Kontakte hatten. Der Unterschied ist nur, dass das heute wesentlich einfacher zu erreichen ist.

Eine Seite wie XING nimmt Ihnen schließlich wichtige Arbeit ab, die Sie alleine vermutlich nie bewältigen könnten. Die Seite hat ja schon jetzt eine große Anzahl an Mitgliedern, die von Ihnen angesprochen werden können.

Sie wollen sogar von Ihnen angesprochen werden, denn das ist ja der Grund, warum man dort angemeldet ist. Es kommt nur darauf an, dass Sie die Leute überzeugen, dass es sich lohnt, mit Ihnen in Kontakt zu kommen. Bei XING selbst gibt es dann auch verschiedene Möglichkeiten, die Nutzer zu finden, die zu Ihnen passen würden. Sie können ganz direkt nach bestimmten Eigenschaften oder Interessen suchen, Sie können einschlägige Gruppen betrachten oder die Teilnehmer von Veranstaltungen anschreiben. Sie können sogar Leute offline kennenlernen und sich später bei XING mit Ihnen vernetzen. Das ist zwar nicht unbedingt die schnellste Methode, aber wenn Sie in der sogenannten Offline-Welt unterwegs sind, können Sie auch Konferenzen oder ähnliche Events nutzen.

Denken Sie aber auch bitte immer daran, dass Sie Menschen kontaktieren. Sie machen im Grunde nichts Anderes als fremde Menschen auf der Straße anzusprechen. In diesem Umfeld wird das zwar durchaus erwartet und auch akzeptiert, aber es macht einfach keinen guten Eindruck, wenn es so aussieht, als würden Sie wahllos jeden ansprechen, der Ihnen über den Weg läuft. Sie hatten einen Grund, diese Person anzusprechen, dann erwähnen Sie ihn auch. Sprechen Sie gemeinsame Interessen an. Wenn Sie den Eindruck hinterlassen, Leute wahllos anzuschreiben, werden Sie vermutlich keinen sonderlich großen Erfolg haben. Im schlimmsten Fall bekommen Sie sogar Ärger, weil XING kein Interesse daran hat, dass jemand dort einfach Spam verbreitet. Suchen Sie deshalb neue Kontakte nach bestimmten Kriterien aus und erwähnen Sie diese auch bei Ihrer ersten Nachricht.

Lassen Sie mich Ihnen einen letzten kleinen Tipp zum Thema XING geben. Es handelt sich um ein recht komplexes Thema, wenn man es richtig angehen möchte. Hier ist weder der richtige Ort noch die richtige Zeit, um wirklich in die Materie einzutauchen. Der beste Tipp, den ich Ihnen geben kann, ist, sich eine Strategie zu entwickeln. Lernen Sie dazu, wie man am besten Kontakte auf XING bekommt, und gehen Sie mit offenen Augen durch die Welt. Ich kann Ihnen hier leider nicht die perfekte Strategie verraten, aber ich kann Ihnen wenigstens sagen, dass Sie danach suchen sollten.

# 7. Was machen Sie, wenn Sie die Kontakte haben?

Ich habe Ihnen gesagt, dass ein großes Netzwerk wichtig ist, das ist aber nur die halbe Wahrheit. Sie haben sich etwas erarbeitet, das ein machtvolles Werkzeug sein kann, Sie müssen es aber eben auch benutzen. Wenn Sie die Kontakte einfach nur sammeln, werden sie Ihnen nicht viel nützen. Sie müssen ihnen schon etwas bieten, wenn beide Seiten von der Verbindung profitieren sollen. Beim Thema Internet-Marketing spricht man hier gerne davon, dass man Mehrwert bieten muss.

Da ist also schon wieder eine dieser Bezeichnungen, die Dingen einen Namen geben, die eigentlich offensichtlich sein sollten. Im Grunde unterscheidet sich das Prinzip zudem nicht sonderlich davon, dass Sie den Leuten etwas bieten müssen, wenn sie sich mit Ihnen vernetzen sollen. Nur jetzt geht es eben darum, den Leuten etwas zu bieten, damit sie mit Ihnen vernetzt bleiben.

Ein sehr guter Weg, das zu erreichen, ist natürlich, hochwertige Inhalte zu erstellen und zu teilen. Ich habe ja bereits das Loblied auf die Blogs gesungen, aber es gibt ja heute im Netz weit mehr Möglichkeiten, Inhalte zu produzieren. Veröffentlichen Sie zusätzlich Videos auf YouTube, in denen Sie Dinge erklären, die für Ihre Zielgruppe relevant sind. YouTube ist immerhin eine der erfolgreichsten Seiten überhaupt, wird aber gerne unterschätzt. Oder nehmen Sie regelmäßig einen Podcast auf. Vielleicht können Sie ja sogar bekannte Persönlichkeiten aus Ihrer Branche als Gäste einladen. Damit veröffentlichen Sie nicht nur Inhalte auf verschiedenen Kanälen, Sie erreichen auch Menschen, die Ihre Seite vielleicht nie gefunden hätten. Und Sie geben dadurch sogar noch einen zusätzlichen Anreiz, sich mit Ihnen zu vernetzen. Wenn Sie nur auf Ihrer eigenen

Seite aktiv sind, kann ich als potenzieller Kunde einfach die Seite im Auge behalten. Wenn Sie aber zudem noch auf YouTube aktiv sind, einen Podcast haben oder regelmäßig Gastbeiträge auf anderen Seiten veröffentlichen, ist Ihr Profil bei XING für mich auch ein praktisches Tool, das mich darüber informiert, wo ich Inhalte finden kann, die von Ihnen erstellt wurden. Die Inhalte müssen eben nur gut genug sein, dass ich das auch wirklich möchte.

Sie sind aber nicht nur auf Ihre eigenen Inhalte angewiesen, verlinken Sie ruhig auch auf Inhalte der Konkurrenz. Das mag Ihnen im ersten Moment vielleicht komisch vorkommen, aber seien wir ehrlich, es liegt doch ohnehin nicht in Ihrer Macht, potenzielle Kunden von der Konkurrenz fernzuhalten. Wenn ich mich dafür interessiere, was andere Leute veröffentlichen, haben Sie keine Chance, mich daran zu hindern. Seien Sie stattdessen doch lieber die Anlaufstelle, die mich regelmäßig darüber informiert, was es an anderer Stelle Neues gibt. Sie liefern mir damit einen praktischen Service, der mir einen Grund gibt, weiter in Ihrem Netzwerk zu bleiben. Sie zeigen mit zudem, dass Sie immer auf dem Laufenden sind und wissen, was in der Branche passiert. Ich nehme Sie also als Experten wahr. Wenn Sie mir außerdem etwas verkaufen wollen, steht Ihre Botschaft für mich automatisch in einer Reihe mit hochwertigen Informationen, die Sie zuvor mit mir geteilt haben. Es fällt mir also leichter, von Ihnen überzeugt zu werden, weil ich jetzt schon die Gewissheit habe, von Ihnen wertvolle Inhalte zu bekommen.

Auch hier gilt also wieder unser Mantra, dass Sie zunächst an Ihre Kunden denken sollen. Ihre Kontakte interessieren sich nämlich kein Stück für Sie. Für einen potenziellen Kunden ist zunächst nur wichtig, wie Sie ihm helfen können. Ihr Ziel ist es, das zu ändern, eine Beziehung mit ihm aufzubauen. Es wird sicherlich keine Beziehung werden, in der Sie regelmäßig die Fotos aus Ihrem letzten Urlaub mit ihm teilen, aber er soll Sie kennen. Er solle wissen, wer Sie sind, damit er auch weiß, wen er fragen muss, wenn er etwas benötigt, das er von Ihnen bekommen kann. Eine gewisse persönliche Note kann da übrigens gar nicht schaden. Es geht auch nicht darum, dass Sie in Zukunft jeden Tag zehn lustige Bilder oder Katzenvideos teilen, aber wenn Ihnen etwas begegnet, das Ihnen wirklich gefällt, warum sollten Sie es denn nicht teilen? Selbst, wenn es überhaupt nichts mit Ihrem Thema zu tun hat? Es sollte bei Weitem nicht alles sein, was Ihre Kunden von Ihnen bekommen, aber in kleinen Dosen tut so eine menschliche Note ganz gut. Ihre Kunden werden täglich mit Werbung konfrontiert, die im Grunde auch von Robotern stammen könnten. Lassen Sie sie also ruhig gelegentlich wissen, dass Sie ein echter Mensch sind. Sich als Experte zu positionieren, ist wichtig, sich als sympathischer Experte zu positionieren, ist die Königsdisziplin.

Am Ende des Tages lassen sich sämtliche Anforderungen damit zusammenfassen, dass Sie aktiv sein müssen. Gesucht wird der goldene Mittelweg, mit dem Sie ständig im Gedächtnis bleiben, ohne jemandem auf die Nerven zu gehen. Beteiligen Sie sich beispielsweise an Gruppen und helfen Leuten, ohne damit ein direktes Ziel zu verfolgen. Gratulieren Sie Ihren Kontakten zum Geburtstag, das ist eigentlich eine Frage der Höflichkeit und ein netter Weg, nicht vergessen zu werden, ohne dabei zu aufdringlich zu werden.

Behandeln Sie Ihre Kontakte, wie sie behandelt werden wollen. Sie haben ja immerhin ausreichend recherchiert, um Ihre Kunden kennenzulernen. Nutzen Sie diese Erkenntnisse. Und versuchen

Sie auch, neue Erkenntnisse zu gewinnen. Wenn Sie merken, dass etwas nicht funktioniert, ändern Sie es. Einen Fehler zu machen, ist nicht schlimm, Sie sollten ihn nur kein zweites Mal machen.

Ich möchte zum Ende dieses langen Kapitels noch einmal die Gelegenheit ergreifen und darauf hinweisen, wie elementar Ihr Netzwerk ist. Was Sie nun in Händen halten, ist etwas, von dem ganze Generationen von Geschäftsleuten nicht einmal zu träumen gewagt hätten. Dieses Netzwerk ersetzt quasi im Alleingang die Marktforschung und einen Unternehmensberater. Sie haben die Chance, zu erfahren, was Ihre Kunden wollen, indem die Kunden es Ihnen sagen. Wer sollte es denn besser wissen? Das Netzwerk ersetzt ja zudem auch noch sämtliche Bemühungen, die Sie früher hätten unternehmen müssen, um mit Ihren Kunden direkt kommunizieren zu können. Sie stehen ja ohnehin in regelmäßigem Kontakt mit Ihnen, der zudem noch weit darüber hinaus geht, was man früher mit Katalogen oder Broschüren erreichen konnte. Denken Sie ruhig einen Moment an all die Generationen, die vor uns kamen und solche Chancen nicht hatten. Wir sollten wirklich dankbar sein, solche Werkzeuge nutzen zu können.

Ihr Netzwerk ist Ihre Lebensversicherung und zugleich die Säule, auf der Sie Ihr Imperium bauen können. Pflegen Sie es gut. Vergessen Sie auch nicht die Recherchen, die ich Ihnen aufgetragen habe. Nehmen Sie sich regelmäßig Zeit, Ihre Notizen zu ergänzen. Sie legen hier immerhin die Grundlage für alles, das noch kommen wird. Wie gesagt, es gibt auch durchaus noch andere Bereiche, mit denen Sie sich beschäftigen sollten, um wirklich das volle Potenzial ausschöpfen zu können, das Ihr Geschäft bietet. Aber dafür ist später noch genug Zeit. Jetzt ist wichtig, die Grundlagen so zu gestalten, dass sie perfekt funktionieren. Wenn das Netzwerk steht, können wir uns anderen Dingen zuwenden, aber nicht vorher.

## Verkaufen Sie richtig!

Die Technik, die ich ihnen in diesem Abschnitt vorstellen möchte, wird gemeinhin als Verkaufstrichter bezeichnet. Wenn Sie es lieber mit der englischen Sprache halten, können Sie es auch einen Sales Funnel nennen. Wie Sie es nennen, bleibt Ihnen überlassen, aber das Prinzip dahinter ist nicht neu. Im Grunde begleitet es uns in der einen oder anderen Form schon durch den gesamten Ratgeber. Nehmen Sie Ihren Kunden an der Hand und geben Sie ihm einen Grund, auch wirklich zum Kunden zu werden.

Das Problem im Internet ist dabei, dass die Menschen gewisse Schranken errichtet haben, um gerade nichts von Ihnen zu kaufen. Das hängt aber nicht etwa mit einer Mentalität zusammen, bei der sie alles umsonst haben wollen, auch wenn das gerne behauptet wird. Es liegt viel eher daran, dass das Netz voller Leute ist, die keine seriösen Absichten haben. Wenn ich gleich davon spreche, Vertrauen aufzubauen, klingt das schnell danach, dass die Leute übertrieben misstrauisch wären. Aber seien wir doch mal ehrlich, würden Sie Ihre Kontodaten jedem Menschen geben, der danach fragt? Würden Sie etwas bei ihm kaufen, nur weil er Ihnen Versprechungen macht? Die traurige Wahrheit ist, wenn die Leute weniger Misstrauen hätten, wäre Ihr Leben als Internet-Marketer nicht etwa einfacher, es wäre schlicht unmöglich, weil die Leute ihr Geld alle längst verloren hätten, weil sie auf dubiose Angebote reingefallen sind.

Dieses Vertrauen müssen Sie sich aber verdienen, was nicht unbedingt leicht ist, da Sie ja eben nicht Ihr Produkt für sich sprechen lassen können. Es ist also ein langer Weg, bis der Kunde sich entschlossen hat, auch wirklich etwas zu kaufen. Diesen Weg müssen Sie ihm ebnen, das ist der Verkaufstrichter, von dem wir hier reden. Sie nehmen ihn quasi an der Hand und führen ihn in eine bestimmte Richtung. Sie werden auf diesem Weg übrigens einige der Leute verlieren, die am Anfang mit Ihnen gestartet sind. Deswegen benutzen wir das Bild eines Trichters, der nach unten immer dünner wird. Sie werden es nie schaffen, alle potenziellen Kunden auch zu überzeugen. Sie können keinen Bedarf erzeugen, wo keiner ist, und ohne eine gewisse Bereitschaft zum Kauf wird es nie so weit kommen. Sie können sich freilich Gedanken darüber machen, ob es eine Möglichkeit gibt, diese Leute wieder einzusammeln und sie in einen anderen Trichter zu stecken, aber das ist dann schon die Kür, wir wollen uns zunächst um die Pflicht kümmern.

Die Statistik sagt uns übrigens, dass im Durchschnitt rund sechs Kontakte nötig sind, um einen Kunden zu überzeugen. Vertrauen baut man sich eben nicht über Nacht auf, da müssen wir schon ein wenig Arbeit investieren. Unser Ziel ist ja aber, die ganze Sache so aufzubauen, dass die Schritte automatisch ablaufen. Sie können also ruhig auch den einen oder anderen zusätzlichen Kontakt einbauen, um auf der sicheren Seite zu sein. Sie müssen ja keine direkte Arbeit mehr investieren, wenn Sie den Verkaufstrichter erst so gebaut haben, wie Sie ihn haben wollen.

Das ist jetzt der Punkt, an dem ich Ihnen üblicherweise Beispiele aufzeigen würde, wie so ein Verkaufstrichter in der echten Welt aussieht. Das Problem dabei ist aber, dass Sie hier tatsächlich einen gewissen Nachteil haben. In der realen Welt gibt es einen gewissen Vorschuss an Vertrauen, den Sie sich erst noch erarbeiten müssen. Wenn Sie im Supermarkt beispielsweise ein neues Produkt entdecken, kaufen Sie es zwar noch lange nicht, Sie gehen aber schon von gewissen Dingen aus. Sie rechnen zum Beispiel damit, dass das Produkt nicht giftig ist, oder dass Sie nicht betrogen werden und wirklich bekommen, wofür Sie bezahlen. Das ist im Grunde durchaus das Resultat eines Verkaufstrichters, es fällt uns aber nicht auf, da es sich hier um ganz gewöhnliche gesellschaftliche Konventionen handelt, von denen die Geschäftsleute profitieren können.

Im Supermarkt gibt es natürlich auch Taktiken, die direkt an den Verkaufstrichter anschließen. Ob Sie probieren dürfen oder mit Sonderangeboten gelockt werden, auch hier werden Sie langsam an den Punkt geführt, an dem Sie ein Produkt zu seinem regulären Preis kaufen sollen. Der Unterschied ist eben, dass es hier schneller geht und weniger Schritte nötig sind.

Ihnen ist doch bestimmt schon das Angebot gemacht worden, eine Zeitschrift oder eine Zeitung für einen bestimmten Zeitraum kostenlos zu erhalten. Das ist ein Verkaufstrichter, wie er im Buche steht. Das Modell des Abonnements eignet sich zudem besonders gut für solche Promotionen. Hier kann man sich für einen kurzen Zeitraum von der Qualität des Produktes überzeugen, damit man es auch weiterhin kauft. Wenn Sie also ein Geschäftsmodell haben, das dauerhaft genutzt wird, kann es schon so einfach sein. Sie werden allerdings merken, dass Ihnen relativ selten angeboten wird, ein bestimmtes Buch für einen bestimmten Zeitraum kostenlos zu nutzen. Das wäre ein ganz anderer Fall, denn dann könnten Sie es ja einfach lesen, ohne es danach kaufen zu müssen. Aber jetzt denken Sie mal für einen Moment genau nach. So ein Buch hat ja schließlich oft Auszüge oder zumindest eine kurze Zusammenfassung, die Sie auf der Rückseite finden können. Zudem können Sie in den meisten Buchläden tatsächlich in den Büchern lesen, wenn Sie wollen. Hier gibt es also ebenfalls einen Verkaufstrichter, er hat sich nur etwas besser getarnt.

Hier sollten wir übrigens auch festhalten, dass jeder Kontakt mit einem potenziellen Kunden natürlich auch dazu beiträgt, Ihr Image zu verbessern. Wenn Sie diesen Prozess entsprechend nutzen, können Sie sich auch hier wesentlich besser als Experte positionieren, was ja letzten Endes auch das Ziel der Übung ist. Es geht schließlich um Ihr Image, da spielt jede noch so kleine Entscheidung eine Rolle.

**Wie läuft das in der Praxis ab?**

Zunächst steht am Anfang natürlich wieder eine Analyse Ihrer Zielgruppe. Ich habe Ihnen ja bereits gesagt, dass Sie davor keine Ruhe mehr haben werden, dieser Schritt wird also ohnehin ständig von Ihnen bearbeitet. Sie erstellen anhand dieser Analyse nun etwas, von dem Sie ausgehen können, dass Ihre Zielgruppe es gerne hätte. E-Books sind beispielsweise eine sehr beliebte Variante. Nun erstellen Sie eine Seite, die dazu gedacht ist, Ihr Produkt anzubieten, das Sie dort verschenken. Weil im Leben aber nichts umsonst ist, verlangen Sie als Gegenleistung die E-Mail-Adresse Ihres Kunden, damit Sie ihm weitere Informationen zukommen lassen können. Diese Informationen sollten allerdings auch so hochwertig sein, dass der Kunde dadurch einen echten Mehrwert erhält. Bleibt er dabei, bekommt er nach einigen weiteren Mails ein Angebot von Ihnen, das ihn hoffentlich überzeugt. Denken Sie hier aber daran, dass das eigentliche Ziel ist, ihn zum Kunden zu machen, nicht, gleich viel zu verdienen. Machen Sie dieses erste Angebot also möglichst verlockend.

Wir machen das alles schließlich, weil es erwiesenermaßen wesentlich einfacher ist, Dinge an Leute zu verkaufen, die schon etwas gekauft haben. Neukunden zu gewinnen, ist wesentlich schwieriger. Deshalb müssen wir beim ersten Kauf auch bessere Angebote haben. Sonderangebote haben grundsätzlich zum Ziel, die Leute in den Laden zu locken, in der Hoffnung, dass sie mehr kaufen, wenn sie erst mal dort sind. Wie oft haben Sie beispielsweise an einer Tankstelle noch einen Schokoriegel gekauft? Und wie oft sind Sie an eine Tankstelle gefahren, nur um einen Schokoriegel zu kaufen? Machen Sie also ein Angebot, das so gut ist, dass es die Leute in Ihren Laden lockt.

Bereiten Sie sich aber auch darauf vor, dass Sie nicht alle Leute überzeugen können. Ich erwähne diesen Umstand mit einer gewissen Regelmäßigkeit, aber Sie sollten ihn auch nicht vergessen. Wenn die Leute abspringen, ist es natürlich, dass Sie in Panik geraten und den gesamten Prozess überdenken wollen. Es ist ja auch wichtig, dass Sie die Ergebnisse analysieren und die Abläufe entsprechend optimieren. Sie werden aber nie eine Quote von 100 % erreichen, machen Sie sich da bitte keine Illusionen. Manche Menschen werden ganz abspringen, manche werden das Angebot ablehnen, sich aber weitere anhören und manche werden zu Kunden.

Bereiten Sie sich aber auch darauf vor, dass Sie Erfolg haben werden. Der Sinn der Übung ist, die Kunden zu finden, um ihnen weitere Produkte zu verkaufen, Sie sollten also auch weitere Produkte haben. Ich erwähne das an dieser Stelle nur, damit Sie nicht übermutig werden und einen Köder auslegen, ohne dass Sie schon etwas hätten, was Sie mit Ihrer Beute anfangen könnten.

### Lassen Sie sich Zeit!

Wir haben ja bereits gesehen, dass es einige Schritte benötigt, um einen Interessenten auch zum Kunden zu machen. Unterschätzen Sie diese Zeit nicht. Die Leute haben ernsthaft Hemmungen, wenn es darum geht, etwas im Internet zu kaufen. Sie hören schließlich beinahe täglich von irgendwelchen Geschichten, bei denen Kunden um ihr Geld betrogen wurden, weil sie auf windige Gestalten im Internet hereingefallen sind. Um diese Angst zu überwinden, benötigen die Menschen Zeit. Sie müssen Sie kennenlernen und verstehen, dass Sie ein echter Mensch sind, der da am anderen Ende sitzt, kein Roboter, dessen einziger Lebensinhalt es ist, ihnen das Geld aus der Tasche zu ziehen. Deswegen benötigen Sie sechs oder sieben Kontakte mit einem Kunden, bevor Sie ihm ein Angebot machen sollten. Das ist auch der Grund, warum das erste Angebot so verlockend sein sollte. Sie müssen daran denken, dass es dem Kunden auch darum geht, sein Risiko zu minimieren. Wenn Sie gleich größere Beträge von ihm haben wollen, macht er sich Sorgen. Kleine Summen riskiert er irgendwann vermutlich, wenn er das Produkt haben will. Er denkt sich, im schlimmsten Fall verliert er eben nur einen kleinen Betrag. Sieht er aber, dass Sie ihn nicht über den Tisch ziehen, ist er auch eher bereit, Ihnen zu vertrauen und auch größere Summen zu investieren.

Sie können diesen Prozess übrigens auch schon beginnen, bevor der Kunde wirklich Ambitionen gezeigt hat. Ich habe Ihnen ja schon gesagt, dass am Anfang ein Geschenk stehen sollte. Das ist Ihr Fuß, den Sie in die Tür des Kunden bekommen. Je hochwertiger das Geschenk ist, desto mehr Vertrauen kann es auch aufbauen, sollte man zumindest meinen. In der Praxis würde ich Ihnen da aber durchaus raten, sich auch ein wenig zu bremsen. Hochwertig darf Ihr Geschenk gerne sein, aber denken Sie auch daran, dass die Leute Ihnen misstrauisch begegnen. Wenn Sie direkt Dinge verschenken, für die man sonst viel Geld bezahlen würde, weckt das zwar die Neugier, schafft aber nicht unbedingt Vertrauen. Geht es um Texte oder Videos, sind die Menschen es durchaus gewohnt, solche Inhalte auch umsonst zu bekommen. Wollen Sie beispielsweise Software auf diesem Weg verschenken, dürfen Sie ruhig so offen sein und erklären, dass Sie gewisse Hintergedanken verfolgen. Die Leute werden ohnehin ahnen, dass Sie das tun, nur wissen sie dann wenigstens, um welche es sich handelt.

Sie sollten natürlich trotzdem versuchen, das Geschenk so attraktiv wie möglich zu machen, nicht dass wir uns da falsch verstehen. Ich habe Ihnen ja erklärt, wie die Leute auf dem Weg zum Kauf abspringen werden. Erinnern Sie sich noch an das Bild des Trichters, bei dem mit jedem Schritt weniger Interessenten an Bord sind? Deswegen ist es auch wichtig, dass Sie am Anfang möglichst viele Menschen einsammeln, damit am Ende auch mehr geblieben sind. Da Sie ja außerdem digitale Produkte verschenken, spielt es ja keine große Rolle, wie viele Exemplare Sie davon nutzen. Sie machen zwar vielleicht einen gewissen Verlust, er hängt aber erstens nicht direkt von den Stückzahlen ab und Sie sollten ihn zweitens ohnehin als Investition begreifen.

a computer progr
automatically send

**list building**

the act of building a m
of subscribers throug
process of offering

## Vergessen Sie nicht die E-Mail-Adressen

Denken Sie immer daran, dass der Sinn der Übung ist, die E-Mail-Adressen der Leute einzusammeln. Am besten machen Sie das übrigens mit einer sogenannten Squeezepage. Das Angeben der Adresse wird dabei meistens als der erste Schritt der Interaktion dargestellt, was man auch durchaus so sehen kann. Wenn Sie aber Inhalte auf Ihrem Blog veröffentlichen, kann es sein, dass schon diverse Kontakte bestanden, bevor der Besucher auf Ihrer Squeezepage landet. Das vereinfacht Ihnen in der Regel das Leben, weil der Besucher bereit ist, die Beziehung auf die nächste Ebene zu heben.

Ihr Blog ist also eine hervorragende Möglichkeit, Menschen auf Ihre Squeezepage zu bekommen, wo sie sich für einen Newsletter eintragen können, um ein Geschenk zu erhalten. Sie haben doch aber hoffentlich nicht Ihr Netzwerk vergessen, das Sie sich bei XING oder in einem anderen sozialen Netzwerk aufgebaut haben. Diese Leute sind schließlich perfekt für das, was Sie vorhaben. Sie gehören zu Ihrer Zielgruppe und sind daher ohnehin schon gut geeignet. Sie können Ihr Angebot aber zudem noch auf diese Leute abstimmen, weil Sie ja ständig damit beschäftigt sind, Informationen über die Menschen in Ihrem Netzwerk zu sammeln. Die Chancen stehen zudem recht gut, dass die Leute auch dann in Ihrem Netzwerk bleiben, wenn Sie nicht an diesem speziellen Angebot interessiert sind. Sie können so also viel leichter damit leben, dass potenzielle Kunden aussortiert werden, sie können ja zu einem späteren Zeitpunkt immer noch in einen anderen Trichter geführt werden.

Bevor Sie Ihr Geschenk zum ersten Mal anbieten, sollten Sie dann auch in Ihrem Netzwerk aktiv werden. Sie sollten aber nicht zu lange damit warten. Fangen Sie rechtzeitig an, sich ins Gedächtnis zu rufen: Wenn Sie Ihre Präsenz erst dann verstärken, wenn Sie etwas von Ihren Kontakten wollen, macht das nicht den besten Eindruck. Erzeugen Sie also nicht unbedingt Aufmerksamkeit für Ihr Angebot, erzeugen Sie generell Aufmerksamkeit und lenken Sie sie später auf Ihr Angebot. Wenn Sie das geschafft haben, müssen Sie Ihre Kontakte auch nicht übermäßig mit Ihrem Angebot konfrontieren. Es genügt oft schon, einen Hinweis einzubauen. Die Leute, die interessiert sind, werden dann schon kommen.

Ich möchte diese Stelle nutzen, um noch einmal darauf hinzuweisen, für wie wichtig ich persönlich Ihr Netzwerk halte. Wenn Sie mich fragen, sollten Sie Ihre Bemühungen zunächst auf Ihren Blog und Ihr Netzwerk richten und sich nur darauf konzentrieren. Es gibt Alternativen und Ergänzungen, die können aber warten, bis Sie Ihren Weg schon gefunden haben. Wenn alles läuft, wie es soll, ist immer noch Zeit, andere Möglichkeiten zu testen und zu nutzen. Bauen Sie sich aber erst ein Fundament auf, auf dem Sie sicher stehen können. Kümmern Sie sich zunächst um die Grundlagen, die ich Ihnen in diesem Ratgeber vermittle.

## Ihr Newsletter

Der Sinn und Zweck, sich die E-Mail-Adressen Ihrer potenziellen Kunden zu besorgen, ist natürlich, sie auch anzuschreiben. Dabei handelt es sich um eine weitere Stufe des Kontaktes, den Sie zu ihnen haben. Versuchen Sie also nicht, gleich etwas zu verkaufen. Denken Sie immer daran, dass so ein Kunde nur an seinem eigenen Vorteil interessiert ist, Sie sollten ihm also einen Grund geben, Ihren Newsletter nicht sofort wieder zu kündigen. Liefern Sie ihm Informationen, bieten Sie ihm einen echten Mehrwert. Nehmen Sie zum Beispiel die erfolgreichsten Artikel aus Ihrem Blog und ergänzen Sie sie durch Beispiele und Tipps. Veröffentlichen Sie vielleicht auch einen Artikel gar nicht auf dem Blog, sondern sparen Sie ihn für den Newsletter. Fragen Sie Ihre Leser, was Sie gerne im Newsletter hätten. Versenden Sie wichtige und interessante Links. Die Möglichkeiten sind zahlreich vorhanden, Sie müssen sie nur nutzen und die Leute werden froh sein, Ihren Newsletter bekommen zu dürfen. Und denken Sie auch daran, dass Sie nicht den ersten und einzigen Newsletter in Ihrer Branche versenden werden. Seien Sie also ruhig etwas kreativ und versuchen Sie etwas zu finden, das man nur bei Ihnen bekommen kann.

## Das Webinar

Webinare haben nicht immer den besten Ruf, können aber auch sehr nützlich sein. Wenn Sie sich an Kunden orientieren, die auch bereit sind, höhere Preise zu bezahlen, stehen die Chancen aber recht gut, dass sie nicht den Vorurteilen glauben, die Ihnen in anderen Preislagen begegnen dürften. Wer bereit ist, größere Summen zu investieren, ist meistens bewandert genug in der Materie, um zu wissen, dass auch ein Webinar ein vollkommen seriöses Angebot sein kann. Dabei versteht sich natürlich von selbst, dass Sie auch ein vollkommen seriöses Angebot haben sollten. Auch hier gilt nämlich die alte Faustregel vom Mehrwert, den Sie Ihren Kunden bieten sollten.

Webinar ist übrigens eine Kombination aus Web und Seminar, was Ihnen im Grunde schon alles sagt, was Sie wissen müssen. Sie können dafür im Prinzip sämtliche Medien nutzen, die Sie sich vorstellen können. Texte eignen sich hervorragend dazu, als ergänzende Unterlagen genutzt zu werden, vorhandene Videos oder Podcasts können Sie zum bequemen Download anbieten. Schaffen Sie aber auch Möglichkeiten, dass Ihre Teilnehmer direkt mit Ihnen kommunizieren können. Die Möglichkeit, direkte Fragen zu stellen, ist eines der besten Argumente, für ein Webinar höhere Preise zu verlangen als für die Medien allein. Sie könnten beispielsweise Vorlesungen halten und live ins Netz streamen, mit der Option, danach noch Fragen zu beantworten. Oder Sie veranstalten zu bestimmten Terminen einen Chat, der gerne auch durch Videos ergänzt werden kann. Sie merken aber vermutlich, dass es auch hier wieder ganz essenziell um den Kontakt geht, obwohl wir uns ja schon recht tief in unserem Trichter befinden.

Zum Abschluss dieses langen Kapitels möchte ich Ihnen gerne noch ein paar Dinge auf den Weg geben:

Der Prozess, den ich hier beschrieben habe, ist von großer Wichtigkeit. Kümmern Sie sich darum, bevor Sie versuchen, etwas zu verkaufen. Sie können alles vorbereiten, damit die eigentliche Aktion später automatisch abläuft. Nehmen Sie sich also zu Beginn die Zeit, die Sie sie später sparen können.

Verfallen Sie aber auch nicht in Perfektionismus. Es wird nämlich nicht alles perfekt werden und das macht auch gar nichts. Wenn Sie warten, bis Sie es perfekt haben, warten Sie für immer. Werden Sie fertig und starten Sie! Wenn Sie erste Ergebnisse haben, können Sie ohnehin viel besser optimieren, da Sie dann über die nötigen Daten verfügen.

Wenn Sie Ihr erstes Geld auf diese Weise verdient haben, sollten Sie nicht zögern, etwas davon zu investieren. Kaufen Sie zusätzliche Leistungen ein, beauftragen Sie jemanden, Ihre Seite zu verbessern oder lassen Sie hochwertige Texte erstellen. Wenn Sie möchten, können Sie auch jetzt schon erste Werbemaßnahmen buchen. Aber noch ein kleiner Tipp ganz unter uns: Gönnen Sie sich auch ruhig etwas von dem Geld. Es muss nicht viel sein, aber an diesem Punkt haben Sie eine Menge gearbeitet und sich auch eine kleine Belohnung verdient. Sie wollen schließlich nicht nur Geld verdienen, um Geld zu verdienen. Geben Sie es ruhig auch mal für etwas aus, das Ihnen gefällt.

## Automatisierung

Nachdem ich Ihnen jetzt mit einer gewissen Ausführlichkeit dargelegt habe, wie Ihre ersten Schritte im Internet-Marketing aussehen sollten, habe ich Ihnen vermutlich auch endgültig die Illusion genommen, hier schnelles Geld verdienen zu können, indem Sie gar nichts tun. Irgendwo tut mir das ja fast leid, aber Sie hätten es früher oder später ohnehin erfahren. Ich bin nur der Überbringer der schlechten Botschaft. Wir halten also fest, dass uns auch im Netz nichts geschenkt wird und wir tatsächlich etwas tun müssen, um etwas verdienen zu können. Wenn man es so formuliert, sollte sich die Überraschung in Grenzen halten.

Wir haben aber schließlich auch gesehen, dass das alles nicht so wild ist und sich die Aufgaben ja durchaus erledigen lassen.

Außerdem hat das Internet hier einen weiteren enormen Vorteil: Sie müssen viele Dinge nur einmal machen, können aber beliebig oft davon profitieren. Was außerhalb des Netzes nur selten möglich ist, gehört hier quasi schon zum Alltag. Und wir haben natürlich vor, das zu nutzen. In der Branche spricht man gerne davon, sich ein passives Einkommen aufzubauen, also Einnahmen zu haben, für die man nicht mehr direkt arbeiten muss. Das klingt gut, ist aber im Netz wesentlich einfacher zu erreichen, als man meinen sollte. Und auch wenn es uns hier nicht unbedingt um das Stichwort passives Einkommen geht, können wir uns das Prinzip doch zunutze machen.

Im Internet haben Sie den unglaublichen Vorteil, dass Sie im Grunde alles automatisieren können. Im schlimmsten Fall besteht zudem immer noch die Möglichkeit, jemanden zu bezahlen, damit er die Aufgaben erledigt, bei denen es nicht möglich ist. Das bedeutet, wie gesagt, nicht, dass Sie Geld verdienen, ohne zu arbeiten, es bedeutet nur, dass Sie die Arbeit erledigen und dann beliebig oft daran verdienen können. Nehmen Sie einen Schriftsteller als Beispiel. Er schreibt ein Buch und verdient dann sein ganzes Leben lang mit, wenn ein Exemplar verkauft wird. Ein Buch zu schreiben, ist eine ganze Menge Arbeit, von einem guten Buch ganz zu schweigen. Aber die Arbeit zahlt sich in diesem Fall auf lange Sicht aus, wenn das Buch erfolgreich wird. Wir gehen hier nach einem ganz ähnlichen Prinzip vor.

Wenn Sie sich mit digitalen Produkten beschäftigen, ist es natürlich besonders einfach, die Abläufe zu automatisieren. Es wäre vermutlich sogar wesentlich komplizierter, einen Prozess einzurichten, der nicht automatisiert ist. Sie stellen die notwendigen Formulare bereit und das Produkt wird automatisch kopiert, wenn der Kunde bezahlt hat. Ob Sie dabei am Computer sitzen oder im Park, spielt für den Vorgang absolut keine Rolle. Es ist einfacher für Sie, aber auch für den Kunden, weil er sofort bekommt, was er möchte.

Sie können aber auch physikalische Produkte auf diesem Weg vertreiben. Sie brauchen nur die entsprechenden Partner, die mit Ihnen zusammenarbeiten. Sie finden die Kunden und leiten die Bestellungen direkt an die Leute weiter, die das Produkt dann verschicken. Sie selbst sind auch bei dieser Variante nicht direkt gefragt. Es gilt allerdings trotzdem, ein paar Dinge zu bedenken, wenn Sie physikalische Produkte verkaufen wollen.

Zunächst müssen Sie sich natürlich damit abfinden, dass andere Leute auch an dem Geschäft verdienen. Das ist ja im Grunde auch nur fair, wenn sie die meiste Arbeit übernehmen. Sie müssen aber auch bedenken, dass es schwieriger sein kann, ein Produkt zu verkaufen, dass es auch an anderen Stellen zu kaufen gibt. Warum sollte eine Kunde bei Ihnen kaufen und nicht bei Ihren Konkurrenten? Sie sollten eine gute Antwort auf diese Frage finden. Es kann aber natürlich auch Vertrauen bedeuten. Wenn Sie Ihr eigenes Smartphone entwerfen und verkaufen, wird es vermutlich nicht sofort den gleichen Anklang finden wie das neue iPhone. Und Sie müssen Ihre Partner natürlich gewissenhaft auswählen. Wenn es zu Problemen kommen sollte, sind Sie der direkte Kontakt zum Kunden. Jedes Problem kommt auf Sie zurück. Das ist nicht nur schlecht fürs Geschäft, es lässt sich auch nur schwer automatisieren, Sie sollten also die Probleme so gering wie möglich halten. Sie müssen ja zudem auch noch an Ihren Ruf denken, den Sie sich mühsam aufgebaut haben. Tun Sie sich selbst also einen Gefallen und arbeiten Sie nur mit Profis zusammen.

## Auch die Akquise lässt sich automatisieren

Ich habe Ihnen ja nun zu Genüge gesagt, wie wichtig ein Netzwerk ist und dass Sie ständig versuchen sollten, Ihres zu vergrößern. Wenn Ihnen das gefallen sollte, können Sie sich natürlich austoben, wie Sie wollen. Sollten Sie aber denken, bessere Verwendung für Ihre Zeit zu finden, können Sie auch hier erstaunlich viel automatisieren. Gerade XING eignet sich hier recht gut, um ein Netzwerk zu formen, das quasi von selbst wächst, wenn man es nur lässt.

## Ein letzter Tipp zur Automatisierung

Ich habe Ihnen gesagt, wie wichtig es ist, Abläufe zu automatisieren, um Ihr Geschäft möglichst profitabel zu machen. Wenn Sie es darauf anlegen, können Sie an einen Punkt gelangen, an dem alles abläuft, ohne dass Sie noch einen Finger krümmen müssen. Sie sollten aber nicht unbedingt auf dieses Ziel hinarbeiten, wenn Sie mich fragen. Lernen Sie Ihr Geschäftsmodell kennen und sehen Sie, welche Möglichkeiten es Ihnen bietet. Achten Sie darauf, was Sie gerne tun. Es wäre vermutlich keine besonders gute Idee, Ihre Abläufe zu verlangsamen, weil Sie E-Books lieber selbst per Mail verschicken. Aber wenn Sie gerne schreiben, können Sie sich selbst um Ihren Blog kümmern, den Sie ja auch auslagern könnten. Wenn Sie gerne mit Leuten kommunizieren, wollen Sie ja vielleicht die Akquise neuer Kontakte weiter selbst erledigen. Wenn Sie ähnliche Erfolge erzielen können, steht dem ja absolut nichts im Weg. Sehen Sie also lieber, wo es sich wirklich lohnt, etwas zu automatisieren. Nur weil Sie vielleicht nicht mehr arbeiten müssen, heißt das ja noch lange nicht, dass Sie es nicht dürfen.

Das war es also. Die ersten drei Schritte, die maßgeblich über Ihren Erfolg im Internet-Marketing entscheiden werden. Verstehen Sie mich bitte nicht falsch, das ist noch lange nicht alles, womit Sie sich beschäftigen sollten, es gibt Ihnen aber den Raum, das in der gebotenen Ruhe zu tun. Suchmaschinenoptimierung ist ein weiteres Stichwort, das auf Sie zukommen wird, Werbung ein anderes. Das hat aber alles noch ausreichend Zeit. Was jetzt wichtig ist, habe ich Ihnen in diesem Ratgeber gesagt. Das heißt, um ganz genau zu sein, habe ich Ihnen die vielleicht wichtigste Regel für diesen Moment aufgehoben:

**Tun Sie es!**

Ich weiß ja, dass wir alle dazu neigen, Dinge zu planen und zu optimieren, bis sie perfekt sind. Aber mal ehrlich, wann haben Sie zuletzt etwas gekauft, das wirklich perfekt war? Es führt kein Weg daran vorbei, die Dinge wirklich in Angriff zu nehmen. Wenn Sie anfangen und sich an die Tipps halten, die ich Ihnen gegeben habe, werden sich auch erste Erfolge einstellen. Dann ist immer noch genug Zeit, sich um die Feinabstimmung zu kümmern und alles zu optimieren.

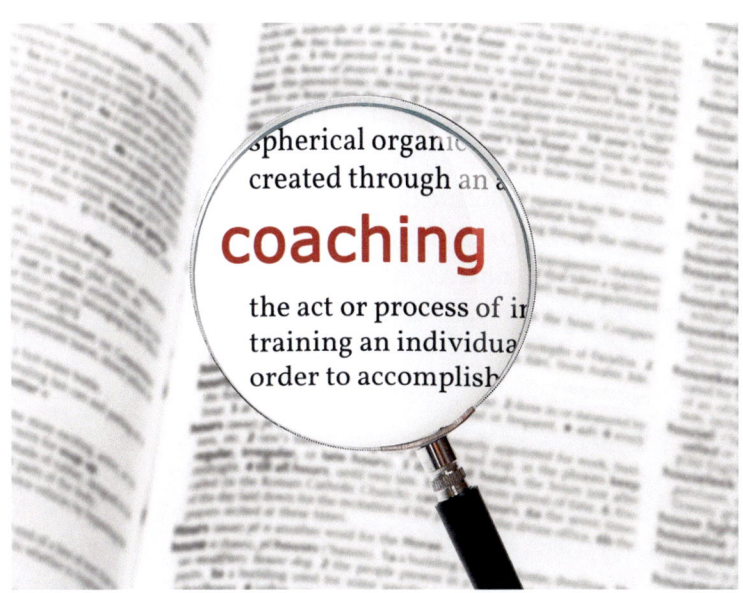

# Anhang I: Praktische Tipps, Links

Um hier in diesem Ratgeber nicht immer nur abstrakte Tipps zu geben, wie Sie Ihr Geschäft automatisieren können, möchte ich Ihnen nun auch ein paar ganz konkrete Ressourcen nennen, die Ihnen dabei helfen können. Da hier aber die Frage ganz zentral ist, wie Ihr Geschäft in der Praxis aussieht, haben Sie hoffentlich Verständnis dafür, dass ich nicht zu tief ins Detail gehen werde. Ich werde die Seiten und Programme daher hier nur kurz vorstellen, wenn Sie etwas genauer wissen möchten, sind Sie natürlich herzlich eingeladen, sich weiter zu informieren. Ich selbst veröffentliche auf meinen Webseiten auch regelmäßig neue Berichte zu diesen Themen.

**Ihr Netzwerk**

Ihr Netzwerk ist das Herzstück Ihres Geschäfts, das habe ich vermutlich jetzt so oft erwähnt, dass Sie es so schnell nicht vergessen werden. Ich möchte Ihnen hier nun noch ein paar Tipps zu Programmen geben, mit denen Sie die Organisation und Verwaltung automatisieren können, um Ihre Zeit mit anderen und wichtigeren Dingen verbringen zu können.

**Der Fanpage-Poster**

Der Fanpage-Poster hilft Ihnen dabei, auf Facebook präsent zu sein, ohne dass Sie dafür etwas tun müssten. Ich weiß, ich spreche in diesem Ratgeber hauptsächlich von XING, aber Facebook ist mittlerweile so riesig geworden, dass man es kaum noch ignorieren kann. Wenn Sie diesen praktischen Helfer haben, können Sie das Netzwerk zudem nutzen, ohne viel Zeit investieren zu müssen. Sie sollten sich die Chance nicht entgehen lassen, ein so großes Publikum anzusprechen, wie Sie es auf Facebook vorfinden werden. Je nachdem, was Sie verkaufen wollen, ist das eher allgemeine Publikum auf Facebook ja vielleicht sogar besser für Ihre Zwecke als die Geschäftsleute, die sich auf XING tummeln.

**Der Statusmelder**

Der Statusmelder funktioniert mit allen wichtigen sozialen Netzwerken und erlaubt Ihnen, dort Nachrichten zu veröffentlichen, die Ihre Zielgruppe ansprechen. Sie können Ihren Auftritt planen und so gestalten, wie Sie es für richtig halten, ganz unabhängig davon, wann Sie wirklich Zeit haben. Mit diesem praktischen Programm läuft Ihr Netzwerk quasi auf Autopilot und Sie können sich anderen Dingen widmen, ohne auf die Vorteile eines aktiven Netzwerks verzichten zu müssen.

## Der Xibutler

Der Xibutler ist ein Tool für XING, das Netzwerk, das für mich zu den wichtigsten im Netz gehört. Damit können Sie ganz bequem neue Kontakte finden und zu Ihrem Netzwerk hinzufügen, ohne dass Sie dabei selbst aktiv werden müssen. Ich hatte Ihnen bereits angedeutet, dass Sie auch die Akquise automatisieren können, der Xibutler ist die beste Lösung dazu, die mir bisher begegnet ist. Neue Kontakte sind in Zukunft Ihr tägliches Brot und mit diesem Programm können Sie sich ohne viel Aufwand um sie kümmern.

## Der Tagger

Der Tagger ist ein Programm, mit dem Sie Ordnung in Ihre Kontakte bei XING bringen können. Sie haben dort die Möglichkeit, Ihre Kontakte mit bestimmten Schlagworten zu versehen, was unglaublich praktisch ist, wenn Sie nur bestimmte Personen ansprechen möchten. Wenn Sie beispielsweise eine Veranstaltung in Berlin planen, möchten Sie vielleicht nur die Leute ansprechen, die auch in der Nähe wohnen. Oder Sie teilen Ihre Kontakte in mögliche Kunden und mögliche Geschäftspartner auf, nicht dass sich das wirklich immer so einfach trennen ließe. Mit dem Tagger haben sie die Möglichkeit, diese Zuweisungen automatisch vornehmen zu lassen. Wenn Ihr Netzwerk so wächst, wie Sie sich das vorstellen, werden Sie es schon bald zu schätzen wissen, das nicht mehr selbst erledigen zu müssen.

**Der News-Express-Boy**

Der News-Express-Boy erlaubt es Ihnen, bei XING persönliche Nachrichten zu versenden. Die Möglichkeit haben Sie natürlich auch ohne ein zusätzliches Programm, aber es ist mit einer ganzen Menge Arbeit verbunden. Sie können also viel Zeit sparen, wenn Sie die meiste Arbeit an dieses praktische Tool abgeben. Persönliche Nachrichten haben immerhin das Potenzial, Menschen direkt anzusprechen und somit auch zu Kontakten zu führen, die von den potenziellen Kunden stärker geschätzt werden.

**Der Visitor**

XING zeigt seinen Nutzern an, wer ihr Profil besucht hat. Das macht die Menschen natürlich oft neugierig und führt dazu, dass sie selbst den Besuchern einen Besuch abstatten. Mit dem Visitor können Sie nun das Besuchen anderer Profile automatisieren. Wenn Sie sich so bei vielen Leuten bekannt machen, stehen die Chancen gut, dass einige auch auf Ihr Angebot aufmerksam werden und sich mit Ihnen vernetzen. Sie müssen mit diesem Tool noch nicht einmal etwas dafür tun.

**Der Xi-Porter**

Der Xi-Porter erlaubt es Ihnen, Daten aus XING zu exportieren. Das klingt zunächst vielleicht wenig spektakulär, es ist aber durchaus praktisch, wenn Sie beispielsweise E-Mail-Adressen auch außerhalb des Netzwerks haben möchten. Sie sollten auch nicht unterschätzen, wie wichtig es sein kann, sich nicht zu abhängig von einem bestimmten Anbieter zu machen. So sehr ich von XING auch begeistert bin, kann ich nicht garantieren, dass das immer so bleiben wird. Im schlimmsten Fall könnte es sogar passieren, dass Sie von XING gesperrt werden, das kann auch ohne ersichtlichen Grund passieren. Um in einem solchen Fall nicht sofort alle Daten zu verlieren, für die man so hart gearbeitet hat, empfiehlt sich ein Tool wie der Xi-Porter.

## Der Community Boy

Der Community Boy ermöglicht es Ihnen, jeden Tag eine bestimmte Anzahl an möglichen Kontakten in Ihre Gruppe bei XING einzuladen. Die Gruppen sind dabei eine sehr gute Möglichkeit, ein Netzwerk aufzubauen und auch gleich Kontakt mit ihm zu halten. Mit diesem Programm können Sie die Einladungen automatisieren, was sonst sehr zeitraubend werden könnte. Eine große Gruppe trägt außerdem dazu bei, dass die Menschen Sie leichter als Experte wahrnehmen, weil das ja andere Leute offensichtlich schon tun.

Die hier vorgestellten Programme wurden übrigens von Norbert Kloiber entwickelt, einem Kollegen, der meine Begeisterung für das Networken teilt und eine ganz ähnliche Philosophie über das Geschäftsleben hat. Ich kann natürlich nicht beurteilen, wie nützlich die einzelnen Programme für Sie persönlich sind. Daher würde ich Ihnen empfehlen, sich zunächst selbst um die Aufgaben zu kümmern. So sehen Sie am besten, was Ihnen liegt und wo Sie Zeit sparen können und wollen.

Alles diese Programme finden Sie hier: **norbert-kloiber.at**

## Bloggen

Ich habe Ihnen ja bereist erzählt, dass ich Blogs für die besten Werkzeuge halte, mit denen Sie sich als Experte positionieren können. Natürlich gehört einiges dazu, erfolgreich zu bloggen. Die Tipps hier können daher nur ein erster Einstieg in das Thema sein.

## www.textbroker.de

Wenn Sie die Texte für Ihre Seiten nicht selbst schreiben wollen, finden Sie bei Textbroker viele Autoren, die das gerne für Sie übernehmen werden. Sie können verschiedene Preisstufen wählen und auch mit bestimmten Autoren und Autorinnen längerfristig zusammenarbeiten. Die Seite hat zwar mittlerweile einige Konkurrenz, hat aber eine Position erreicht, von der sie nur noch schwer zu verdrängen sein dürfte. Hier findet man einfach mit Abstand die meisten Leute, was sowohl für Auftraggeber als auch Autoren gilt.

## www.elance.com

Elance ist eine amerikanische Seite, die sich ebenfalls darauf spezialisiert hat, Freiberufler und Auftraggeber zusammenzubringen. Hier kann man allerdings nicht nur Texte bestellen, sondern auch eine Menge anderer Leistungen und beispielsweise Programmierer oder Designer suchen. Die internationale Ausrichtung der Seite macht sie aus deutscher Sicht zwar nicht unbedingt attraktiver, sie bemüht sich aber vermehrt, auch auf lokale Bedürfnisse einzugehen. Wer fähige Arbeitskräfte für einen bestimmten Zeitraum sucht, hat hier also gute Chancen, in verschiedenen Preisklassen fündig zu werden.

## Bezahlsysteme

Wenn ich Ihnen davon erzähle, richtig zu verkaufen, meine ich natürlich auch, dass alles automatisch abläuft. Ein Bezahlsystem reicht da oft schon aus, um den Prozess so zu gestalten, dass er für alle Beteiligten möglichst reibungslos abläuft. Sie könnten natürlich auch warten, bis die Kunden das Geld überwiesen haben, aber das macht nur zusätzliche Arbeit und kostet zudem Zeit, die der Kunde unnötig warten muss.

## www.paypal.de

PayPal ist ein bekannter Anbieter und kann eine große Zahl an Nutzern aufweisen. Weil eBay den Service in den letzten Jahren massiv gefördert hat, steht er auch in Deutschland immer mehr Menschen zur Verfügung. Ich erwähne den Dienst an dieser Stelle übrigens in erster Linie, weil er einfach zu nutzen und daher ein recht brauchbarer erster Schritt ist. Auf Dauer würde ich eher dazu raten, einen Service zu nutzen, der etwas professioneller ist, aber für die Anfangszeit ist PayPal eine gute Option.

## www.digistore24.com

Professionellere Anbieter wie Digibank24 haben den Vorteil, dass sie auch andere Methoden der Zahlung anbieten. Ein Kunde muss dann eben nicht selbst bei PayPal sein, um etwas von Ihnen zu kaufen. Auf diesem Wege können Ihre Kunden also auch mit Kreditkarte zahlen oder Ihnen das Geld überweisen. Sie können den Prozess aber eben trotzdem automatisieren und müssen nicht darauf warten, dass das Geld auch eingetroffen ist. Es gibt auch noch vergleichbare Anbieter, aber die

Unterschiede sind normalerweise so gering, dass Sie am Anfang kaum wissen können, was für Sie wichtig ist.

**Autoresponder:**

Wenn Sie E-Mail-Adressen gesammelt haben, verschicken Sie einen regelmäßigen Newsletter an Ihre Kunden. Das wollen Sie aber natürlich nicht selbst erledigen. Das Schreiben des eigentlichen Textes können Sie entweder abgeben oder selbst erledigen, aber das Versenden kann schnell Ausmaße annehmen, bei denen Sie glücklich sein werden, das Ganze automatisieren zu können.

**www.cleverreach.de**

Zunächst ist CleverReach ein deutscher Anbieter, ein Vorteil, den zumindest einige Leute zu schätzen wissen. Es ist manchmal doch einfach gut zu wissen, dass die Verantwortlichen nicht am anderen Ende der Welt sitzen, wo sie nur ahnen können, dass man selbst überhaupt existiert. Auch Gespräche mit dem Support verlieren ihren Schrecken, wenn man sie wenigstens nicht in einer Fremdsprache führen muss. Der Service ist auch besonders gut für Anfänger geeignet, da ein bestimmtes Kontingent an Mails noch kostenlos angeboten wird. Ansonsten überzeugt CleverReach mich in erster Linie dadurch, dass dort viele Optionen angeboten werden, mit denen man Dinge automatisieren kann, wovon ich ja bekanntermaßen ein großer Fan bin. Man kann sich in den meisten Fällen aber auch entscheiden, etwas selbst in die Hand zu nehmen, was mir ebenfalls gefällt, da es einem erlaubt, auch Feinabstimmungen vorzunehmen.

## www.klick-tipp.com

Klick-Tipp ist ein Profitool, auf dem deutschen Markt. Der Service selbst richtet schon etwas an fortgeschrittene Nutzer, was sich auch an einem vergleichsweise hohen Preis erkennen lässt. Ob es Ihnen das wert ist, müssen Sie natürlich selbst entscheiden. Klick-Tipp hat einen sehr guten Kunden-Support und ist »Tag« basiert, d.h. Sie können Ihren Usern unterschiedliche Labels vergeben, z.B. ob jemand bereits ein Käufer ist oder bislang nur ein Interessent. Und dann eben die E-Mail Newsletter entsprechend nur an eine der Empfängergruppen versenden. Klick Tipp wird permanent weiter entwickelt. Ich nutze daher Klick Tipp und kann diesen Anbieter uneingeschränkt empfehlen! Ferner ist zu bedenken, dass Sie sich von Anfang an für einen Anbieter entscheiden sollten. User zu bitten, sich nochmals in den Newsletter einzutragen, weil Sie den Anbieter gewechselt haben – führt meistens zu einer drastischen Reduzierung der Newsletter Abonnenten!

### Sonstiges:

Auch wenn ich naturgemäß durchaus stolz auf diesen Ratgeber hier bin, weiß ich natürlich, dass ich damit nicht alle Fragen beantworten konnte. Das ist ja auch schlicht unmöglich. Ich habe daher auch kein Problem damit, Bücher und andere Ressourcen von Kollegen vorzustellen. Wie üblich kann ich auch in dieser Hinsicht nur ein einen kleinen Einblick bieten, aber wenn Sie Teil meines Netzwerks werden, bekommen Sie auch regelmäßig weitere Tipps von mir.

## Kontakte Dich reich

»Kontakte Dich reich« ist ein Videokurs von Norbert Kloiber, der meine Vorliebe für Netzwerke teilt. Ich habe Ihnen ja schon erste Tipps gegeben, wie Sie auf XING neue Kontakte finden können, aber es kann nicht schaden, sich auch hier noch etwas genauer zu informieren. Der Videokurs zeigt Strategien auf, wie man am besten vorgehen kann, um möglichst erfolgreich zu sein. Sie sparen so also eine Menge Zeit und können vermutlich auch so manchem Fehler aus dem Weg gehen, der Ihnen sonst hätte unterlaufen können.

## i-Talk24

i-Talk24 ist ein sehr praktisches Programm, mit dem Sie Ihre Mails in Zukunft bequem per Voicemail beantworten können. Sie glauben gar nicht, wie viel Zeit Sie damit sparen können. Wir haben uns schon so daran gewöhnt, dass es ein ganz natürlicher Teil unseres Alltags geworden ist, Mails schriftlich zu beantworten. Glauben Sie mir, dass Sie nicht glauben werden, wie viel Zeit Sie so wirklich sparen können.

Auch diese beiden Produkte finden Sie bei: **norbert-kloiber.at**

Auf einer meiner Webseiten, der »Marketing Akademie« finden Sie weiterführende Links zu den Themen Online Marketing Ressourcen, Automatisierung und Oursourcing:

www.marketing-mix-akademie.de/ressourcen/
www.marketing-mix-akademie.de/automatisierung/
www.marketing-mix-akademie.de/ressourcen-outsourcing-freelancer/

# Anhang II:

# Mit 4 Punkten zum Geschäftserfolg

Sie wollen Erfolg im Beruf haben, aber auch die Zeit, um ihn wirklich genießen zu können?

In unserer Gesellschaft scheint Erfolg mit langen Arbeitstagen verbunden zu sein, die an Ausbeutung grenzen. Wer etwas erreichen will, muss eben Opfer bringen und bis zur Rente damit warten, auch ein bisschen leben zu können.

Sie werden es vermutlich schon geahnt haben, aber das stimmt so nicht. Das Leben ist kein Arbeitgeber, der Sie nach Stunden bezahlt. Es zählt die Leistung, nicht die Anwesenheit im Büro.

Die folgenden Tipps möchte ich Ihnen geben, um Ihr Leben zurückzubekommen:

**1. Ziele sind wichtig für den Erfolg.**

- Wer keine klaren Ziele hat, wird immer nach mehr streben, ohne jemals ankommen zu können. Sie können dann niemals genug arbeiten, es wäre immer möglich, mehr zu tun. Wenn Sie aber das Ziel haben, auf lange Sicht weniger machen zu müssen, setzen Sie sich Ziele und befolgen sie. Fragen Sie sich, was Sie wirklich erreichen wollen.

- Wenn Sie etwas erreichen wollen, müssen Sie lernen, die richtigen Fragen zu stellen.

- Lassen Sie sich nicht von der Vernunft versklaven. Setzen Sie sich doch zur Abwechslung auch mal Ziele, die komplett unrealistisch sind. Der Weg dahin mag steiniger sein, Sie müssen ihn aber mit weniger Menschen teilen. Das Ziel ist zudem vielversprechender und vermutlich macht es auch schlicht mehr Spaß, sich den Aufgaben zu widmen.

- Nehmen Sie die Ziele ernst und seien Sie konkret darin, sie zu formulieren. Je ungenauer ein Ziel ist, desto weniger hilft es dabei, sich auch wirklich motivieren zu können.

- Tun Sie es einfach! Wie viele Dinge wollten Sie in Ihrem Leben tun, haben dann aber doch nie angefangen? Fangen Sie gleich an!

## 2. Entscheiden Sie sich!

- Selbst die falsche Entscheidung ist oft besser als gar keine. Wenn Sie sich davor fürchten, sich entscheiden zu müssen, gehen Sie diesem Gefühl auf den Grund. Fragen Sie sich: Was könnte im schlimmsten Fall passieren?

- Wenn Sie etwas ganz und gar nicht tun wollen, stehen die Chancen recht gut, dass Sie es eigentlich dringend tun müssen.

- Es gibt Dinge, die müssen getan werden, auch wenn sie unangenehm sind. Tatsächlich sind meist die unangenehmen Aufgaben auch die wichtigsten.

- Lernen Sie, sich zu entscheiden und Verantwortung zu tragen, ob nur Sie betroffen sind oder andere Menschen.

- Gehen Sie Risiken ein! Wenn es nicht klappt, ist immer noch Zeit, den Schaden zu begrenzen. Wenn Sie nichts tun, kennt der Schaden keine Grenzen.

## 3. Setzen Sie Prioritäten!

- Es geht darum, viel zu erreichen, nicht viel zu arbeiten. Es ist keine Schande, Freizeit zu haben.

- Tun Sie die Dinge, die nötig sind! Das beinhaltet aber auch, dass Sie sich nicht von Dingen aufhalten lassen, die Sie vernachlässigen könnten.

- Was nicht hilft, wird auch dadurch nicht besser, dass es perfekt erledigt wird.

- Nur weil etwas schwer ist und viel Zeit verlangt, heißt das noch lange nicht, dass es auch wirklich wichtig wäre.

- Das Ziel zu erreichen, ist ausschlaggebend, wie Sie das tun, spielt selten eine Rolle.

- Kümmern Sie sich um die wichtigen Dinge, werfen Sie alle anderen über Bord.

- Arbeiten Sie nur so viel, wie Sie auch wirklich arbeiten müssen.

- Lassen Sie sich nicht von Aufgaben ablenken, die Ihnen nur wichtig erscheinen, weil Sie etwas Anderes nicht tun wollen.

- Legen Sie genau fest, was Sie jeden Tag schaffen wollen.

- Lernen Sie, Dinge zu ignorieren, die ignoriert werden können.

- Sagen Sie Nein, wenn es sinnvoll ist.

- Geben Sie Aufgaben ab, wenn andere Menschen sie genauso gut erledigen können.

**4. Arbeiten Sie darauf hin, nicht mehr gebraucht zu werden!**

- Schaffen Sie eine Umgebung, die auch ohne Sie auskommt!

- Geben Sie Aufgaben ab oder verzichten Sie komplett auf sie. Und automatisieren Sie, was Sie können.

- Suchen Sie nicht nach Arbeit, sondern nach Möglichkeiten, die Arbeit nicht selbst machen zu müssen.

# Anhang III – Buch Tipps

## Überfluss: Die Zukunft ist besser, als Sie denken
*von Peter H. Diamandis, Steven Kotler*

In den letzten Jahren hört man immer öfter, dass die Reichen immer reicher werden und die Armen immer ärmer. Wenn wir ehrlich sind, könnte man aber zu beinahe jedem beliebigen Zeitpunkt der Menschheitsgeschichte zurückgehen und der Satz wäre genauso wahr, wie er es heute ist. Das macht die Entwicklung natürlich nicht besser, es zeigt aber, dass es sich um ein Problem handelt, an dessen Lösung schon lange gearbeitet werden konnte. In »Überfluss: Die Zukunft ist besser, als Sie denken« stellen die Autoren Dr. Peter Diamandis und Steven Kotler einige Entwicklungen vor, die schon bald dazu führen könnten, uns näher an eine utopische Welt zu bringen, als wir uns vorstellen können.

Die technische Entwicklung schreitet schließlich in riesigen Schritten voran und die Wissenschaft fördert heute mehr neue Erkenntnisse zutage als jemals zuvor. In Mitteleuropa lässt sich ja bereits heute beobachten, dass sich die Grenzen massiv verschoben haben, wenn es darum geht, wo die Kluft zur Armut beginnt. Natürlich existiert die Armut noch immer, aber gewisse Dinge gelten heute als selbstverständlich, die noch vor wenigen Jahren als Luxus galten. Hier kann die Wissenschaft dann auch am besten ansetzen und dafür sorgen, dass in der nahen Zukunft auch die Armen einen Zugang zu bestimmten Ressourcen haben. Nanomaterialen, künstliche Intelligenz und synthetische Biologie sind dabei Stichworte, die schon bald einen so großen Einfluss auf die Menschheit haben könnten wie das Rad oder die Dampfmaschine.

»Überfluss: Die Zukunft ist besser, als Sie denken« ist in erster

Linie ein Buch, das Hoffnung auf eine bessere Zukunft macht. Wir alle brauchen schließlich gelegentlich diese kleinen Erinnerungen daran, dass die Welt eben doch die Tendenz hat, besser zu werden. Man bekommt hier zudem einen Einblick in Felder der Wissenschaft, die faszinierend sind, aber selten spektakulär genug, um in den Nachrichten behandelt zu werden. Neben einem optimistischeren Blick in die Zukunft bekommt man als Leser also quasi nebenbei auch noch einige Geschichten, die sich bestens dazu eignen, auf der nächsten Party erzählt zu werden.

**Die 4-Stunden-Woche: Mehr Zeit, mehr Geld, mehr Leben**
*von Timothy Ferriss*

Kann man nur vier Stunden in der Woche arbeiten und trotzdem davon leben? Tim Ferris sagt ja. Sein Buch, in dem er die Anleitung zu einem solchen Leben gibt, hat sich dabei mittlerweile so oft verkauft, dass der gute Mann heute vermutlich gar nicht mehr arbeiten muss. In Zeiten wirtschaftlicher Sorge klingen seine Versprechen gleich noch um einiges verlockender und utopischer.

Die Zeiten sind vorbei, in denen man seinen Verdienst noch genau mit der Arbeitszeit vergleichen konnte. Wie lange man arbeitet, ist heute nicht annähernd so wichtig wie die Frage, wie man arbeitet. Outsourcing ist ein Stichwort, das in den letzten Jahren nicht unbedingt das beste Image hatte, dabei lässt sich das Prinzip hervorragend nutzen. Letzten Endes ist doch ohnehin jede Form der Lohnarbeit auch eine Form des Outsourcings. Man bezahlt jemanden, um Aufgaben zu übernehmen, die man selbst nicht machen kann oder will. Setzt man das konsequent fort, hat man irgendwann den Punkt erreicht, an dem man selbst gar nichts mehr machen muss, außer sich um das Outsourcing zu kümmern.

Weil das aber natürlich alles nicht so einfach ist, bietet das Buch eine Vielzahl an Tipps und Tricks, mit denen sich dieses verlockende Konzept in die Realität überführen lässt. Der Autor schafft es dabei überraschend gut, einen unterhaltsamen und humorvollen Stil zu wählen, um Konzepte zu beschreiben, die nicht immer nach spannender Lektüre klingen. »Die 4-Stunden-Woche« ist dabei eines der erfolgreichsten Bücher der letzten Jahre geworden und hat seinem Autor zu einem Status verholfen, der ihn fast zu einer Art Guru macht. Es handelt sich also wirklich nicht mehr um einen Geheimtipp, mit dem man heute noch jemanden überraschen könnte. Das Buch handelt ja aber glücklicherweise von Dingen, die jeder Mensch umsetzen kann, ganz unabhängig davon, wie oft sie schon gemacht werden. Man muss zudem die durchaus offensive Ausrichtung des Titels nicht zu wörtlich nehmen. Man muss nicht alle Arbeit aussparen wollen, aber wer seinen Alltag optimiert, kann auch dann wirklich etwas gewinnen, wenn er jeden Tag nur ein paar Stunden früher Feierabend machen kann.

### Kopf schlägt Kapital: Die ganz andere Art, ein Unternehmen zu gründen – Von der Lust, ein Entrepreneur zu sein
*von Günter Faltin*

»Kopf schlägt Kapital: Die ganz andere Art, ein Unternehmen zu gründen – Von der Lust, ein Entrepreneur zu sein « ist ein Buch von Günter Faltin, das dem Leser erklärt, was bei einer Gründung auf ihn zukommt. Grundsätzlich ist die Planung ja eigentlich der natürliche Feind der Tat, weil wir Menschen gerne planen, ohne jemals zu handeln. Da es sich aber meistens empfiehlt, trotzdem nicht völlig unvorbereitet zur Tat zu schreiten, ist ein solches Buch hervorragend geeignet, den angehenden Gründer auf sein neues Leben vorzubereiten.

Heute ist es schließlich einfacher als jemals zuvor, ein Unternehmen zu gründen, und man darf erwarten, dass es in der Zukunft nur noch einfacher wird. »Kopf schlägt Kapital« ist daher nicht nur der Titel des Buches, sondern auch eine akkurate Beschreibung der Gegenwart. Man benötigt heute eben keine großen finanziellen Mittel mehr, um ein Unternehmen zu gründen. Scharen von Angestellten sind nur noch in ganz wenigen Branchen wirklich eine Voraussetzung. Häufig genügt eine gute Idee, wobei selbst die oft überbewertet wird. Wer gründen will, glaubt oft, er müsse die Welt dadurch verändern können, während das natürlich die wenigsten Unternehmen wirklich tun.

Wenn wir in einer Welt leben, in der nur die Menschen ein Unternehmen gründen, die wissen, wie das geht, leben wir auch in einer Welt, der viele gute Ideen verloren gehen. Man muss keine Ahnung von Betriebswirtschaft haben, um ein gutes Produkt zu entwerfen, aber man traut sich vielleicht nicht unbedingt, sich damit auch selbstständig zu machen. Es gibt aber heute die Möglichkeiten, sich die entsprechende Hilfe zu holen, selbst wenn man kein großes Kapital in der Hinterhand hat. »Kopf schlägt Kapital: Die ganz andere Art, ein Unternehmen zu gründen – Von der Lust, ein Entrepreneur zu sein « zeigt daher Wege auf, mit denen sich der Traum vom eigenen Unternehmen verwirklichen lässt, ohne dass er Gefahr läuft, zum Albtraum zu werden. Die eigenen Ideen sinnvoll umzusetzen, lernt man ebenso wie die einfache Tatsache, dass es sich oft lohnt, anders zu denken als all die anderen Unternehmen da draußen.

## Mehr Geld und mehr Erfolg mit Direktmarketing, Werbebriefen, Mailings & Direct Response-Anzeigen
*von Axel Andersson*

»Mehr Geld und mehr Erfolg mit Direktmarketing, Werbebriefen, Mailings & Direct Response-Anzeigen « ist nicht nur der Titel des Buches von Axel Andersson, es wird auch gleich die Marschrichtung vorgegeben. Denn Subtilität ist nicht gerade die Sache von jemandem, der solche Versprechen macht. Eine gewisse Vorsicht ist deshalb durchaus gegeben, da solche offensiven Taktiken nicht unbedingt immer und überall zum Erfolg führen dürften.

Die Tipps und Beispiele, die hier gegeben werden, sind aber in jedem Fall nützlich und ein guter erster Ansatz. Man sollte eben nur nicht davon ausgehen, alles direkt so umsetzen zu können, wie es beschrieben wird. Das Buch wird momentan in der dritten Auflage verkauft, die im Jahre 2002 erschienen ist, wir können also davon ausgehen, dass es in einer Zeit entstanden ist, die heute so nicht mehr gegeben ist. Direkte Ansprache hatte einen anderen Effekt, als die Menschen noch nicht jeden Tag direkt angesprochen wurden, um ihnen Potenzmittel zu verkaufen oder ihnen das Geld noch direkter aus der Tasche zu ziehen.

Die Werbung ist aber auch eines der Themengebiete, bei denen die Menschen scheinbar den Impuls haben, das Rad immer neu erfinden zu wollen. Ein Blick zurück kann da oft wahre Wunder wirken und neue Ideen wecken. Der Mensch als solches hat sich in den letzten Jahren schließlich nicht wirklich drastisch geändert, auch wenn sein Umgang mit Werbung nicht mehr der gleiche ist. Er reagiert noch immer auf die gleichen Dinge und hat auch noch dieselben Hoffnungen und Träume. »Mehr Geld und mehr Erfolg mit Direktmarketing, Werbebriefen,

Mailings & Direct Response-Anzeigen« sollte daher nicht als Anleitung gesehen werden, sondern als Inspiration. Dafür ist das Buch auch heute noch bestens geeignet. Und wer weiß, vielleicht ändert sich die Landschaft in naher Zukunft ja auch in der Form, dass klassische Methoden wieder funktionieren wie in den guten alten Zeiten.

**Guerilla Marketing des 21. Jahrhunderts: Clever werben mit jedem Budget**
*von Jay Conrad Levinson, Birgit Schöbitz*

Die Welt des Marketings ist ständig im Wandel. Der neueste Schrei ist heute das sogenannte Guerilla Marketing, das darauf abzielt, möglichst kreativ mit einem begrenzten Budget umzugehen. Jetzt könnte man hier durchaus zu Recht anmerken, dass sich das natürlich gar nicht so grundlegend von den Erfahrungen unterscheidet, die ein Großteil der Branche schon immer gemacht hat. Die Firmen, die ein wirklich unbegrenztes Budget hatten, waren schließlich schon immer recht selten, aber die Vorstellung davon, was ein kleines Budget ist, hat sich eben doch im Laufe der Zeit geändert.

Durch moderne Medien und Mittel der Kommunikation ist es heute auch möglich, Marketing zu betreiben, wenn man ein Budget hat, mit dem man früher nicht einmal im Ansatz hätte davon träumen können. Das Internet und die Idee des viralen Marketings führen sogar dazu, dass man in bestimmten Fällen überhaupt kein Geld mehr investieren muss, um gehört zu werden. Wenn das Geld aber kein entscheidender Faktor mehr ist, muss etwas Anderes seine Stelle einnehmen und entscheiden, wer heute Gehör findet. Wenn jedes noch so kleine Unternehmen Marketing betreiben kann, ist das zwar gut für das Unternehmen, es muss aber auch direkt gegen alle anderen antreten. Wenn man sich nicht mehr über das Budget positionieren kann, muss man nach einem Ersatz suchen. Da liegt es nahe, sich mit Kreativität zu positionieren.

»Guerilla Marketing des 21. Jahrhunderts: Clever werben mit jedem Budget« möchte daher eine Anleitung dafür bieten, wie man heute mit Kreativität punkten kann, auch ohne ein großes Budget zu haben. Das Vorhaben ist dabei durchaus löblich, man muss sich aber auch ins Gedächtnis rufen, dass in solchen Fällen gerne versucht wird, Dinge in eine Formel zu pressen, die sich gerade nicht in eine Formel pressen lassen. Kreativität kann sich eben leider nur bedingt erlernen lassen. Das Buch begegnet diesem Umstand dadurch, dass es auch ganz konkrete Tipps gibt, die sich direkt umsetzen lassen. Das ist ein guter Ansatz, verliert aber leider drastisch an Nutzen, wenn die Konkurrenz das Buch auch kennt und die gleichen Tricks anwendet. Das Buch kann trotzdem sehr nützlich sein, man sollte es aber auch richtig benutzen. Es kann keine Anleitung sein, funktioniert aber bestens als Quelle der Inspiration. Wer es schafft, den Inhalt abstrakt zu betrachten und grundlegende Muster zu erkennen, bekomm hier einen Leitfaden, der eigentlich keiner mehr ist.


**Managen heißt machen: Die Kunst, Projekte abzuschließen und bis zum Schluss durchzuhalten**
*von Larry Bossidy, Ram Charan*

Das Wort Management hat in den letzten Jahren einen gewissen Boom in Deutschland erlebt und wird heute gerne und oft benutzt. Was damit letzten Endes gemeint ist, wird aber nicht immer wirklich deutlich. Nach der reinen sprachlichen

Bedeutung heißt managen tatsächlich in erster Linie, etwas zu bewältigen oder fertig zu kriegen. Es gibt viele Ratgeber, die sich damit beschäftigen, wie man eine Sache plant und vorbereitet, aber nur wenige Bücher, die sich um die tatsächliche Umsetzung kümmern. Wir scheinen begriffen zu haben, dass wir es durchaus lernen müssen, Dinge richtig zu planen. Wir müssen uns aber noch damit abfinden, dass das ebenso für die eigentliche Durchführung gilt.

Dabei liegt es doch eigentlich auf der Hand, dass eine Aktion zumindest theoretisch auch ohne einen Plan erfolgreich sein kann, während ein Plan ohne Durchführung keine Chance hat. Und wir sind in der Regel sehr gut darin, Dinge zu planen, ohne sie jemals in die Tat umzusetzen. Manchmal glaube ich sogar, wir haben den Wert des Plans so verinnerlicht, dass wir am liebsten von Plan zu Plan gehen würden, ohne jemals in Aktion treten zu müssen. Ich selbst erwische mich auch gelegentlich dabei, dass ich Dinge gerne so lange planen würde, bis sie perfekt sind, was sich aber natürlich nie erreichen lässt. Und so plane ich und plane ich, ohne zu merken, dass ich schon viel weiter wäre, wenn ich irgendwann zur Tat geschritten wäre.

»Managen heißt machen: Die Kunst, Projekte abzuschließen und bis zum Schluss durchzuhalten« ist daher ein Ratgeber, der für viele von uns wie gerufen kommt. Oft brauchen wir ein Buch wie dieses, das uns wachrüttelt und uns Strategien vermittelt, mit denen wir die Praxis wieder erobern können. Der beste Plan nützt nichts, wenn er nicht umgesetzt wird, das scheint so logisch und doch vergessen wir es so gerne. Wir glauben, den Plan weiter optimieren zu können, um die Praxis entsprechend einfacher gestalten zu können. Doch dabei verzetteln wir uns in der Planung und verlassen nie diesen vermeintlich geschützten Raum. »Managen heißt machen: Die

Kunst, Projekte abzuschließen und bis zum Schluss durchzuhalten« hilft dabei, diesen letzten und so wichtigen Schritt nicht nur zu gehen, sondern ihn auch in einer Art und Weise zu machen, dass er zum Erfolg führt.

## Das große 1x1 der Erfolgsstrategie: EKS® – Erfolg durch Spezialisierung
### *von Kerstin Friedrich, Fredmund Malik, Lothar J. Seiwert*

Wirft man einen Blick darauf, wie »Das große 1x1 der Erfolgsstrategie: EKS® – Erfolg durch Spezialisierung« beworben wird, muss man feststellen, dass da große Versprechen gemacht werden. Ich bin da ja grundsätzlich immer etwas skeptisch, wenn mir versprochen wird, ich könne mit einfachen Methoden Erfolge erzielen, die mich zum internationalen Marktführer machen. Wenn dann noch von einem Geheimtipp gesprochen wird, drängt sich zudem die Frage auf, wie geheim etwas sein kann, das hier gerade in einem Buch veröffentlicht wird. Aber offensives Marketing muss ja nicht zwangsläufig Rückschlüsse auf das Produkt zulassen, also kann es sich durchaus lohnen, einem Buch auch dann eine Chance zu geben, wenn man ihm kritisch begegnet.

Die ganze Strategie hier wiedergeben zu wollen, würde natürlich zu weit führen, aber zumindest die Spezialisierung wird ja bereits im Titel angedeutet und ist auch nach meiner Meinung einer der wichtigsten Faktoren in der heutigen Wirtschaft. Da wir heute Waren aus der ganzen Welt beziehen können, ist es uns auch möglich, unsere Wahl so zu gestalten, dass wir auch wirklich bekommen, was wir wollen. Spezialisierung ist dabei wichtig, weil wir immer weniger Kompromisse eingehen müssen. Es gibt also immer weniger Gründe, warum wir uns mit Anbietern zufriedengeben sollten, die sich nicht auf das spezialisiert haben, was wir suchen. Durch die fortschreitende Digitalisierung gilt das übrigens auch zunehmend für Dienstleistungen, was das Prinzip noch viel wichtiger macht.

Bin ich zu Beginn noch recht kritisch mit dem Marketing von »Das große 1x1 der Erfolgsstrategie: EKS® – Erfolg durch Spezialisierung« umgegangen, möchte ich hier auch noch einen echten Vorteil hervorheben, den eine solche Strategie haben kann. Ein Buch, das so beworben wird, ist meist auch auf eine Art geschrieben, die sich am durchschnittlichen Leser orientiert. Ein Buch, das so wissenschaftlich geschrieben ist, dass man auf jeder Seite einschlafen könnte, würde nur selten mit solchen Versprechungen beworben werden. So bekommt man auch in diesem Fall ein Buch, das eine Strategie vermittelt, sich aber gut lesen lässt. Komplexe Sachverhalte einfach auszudrücken, ist keine ganz leichte Aufgabe, wird hier aber gut gelöst. Man sollte nicht erwarten, in zwei Wochen schon weltweiter Marktführer zu werden, nachdem man das Buch gelesen hat, aber es liefert gute und spannende Impulse und viel mehr kann man ja eigentlich auch nicht erwarten, wenn man ehrlich ist.

**Google Analytics: Implementieren. Interpretieren. Profitieren.**
*von Timo Aden*

Google Analytics ist nun wirklich kein Geheimtipp und wird mit Sicherheit von den meisten Seiten benutzt. Ob es allerdings immer richtig genutzt wird, ist eine ganz andere Frage, genau wie die, ob sich die Anwendung nicht noch optimieren lässt. »Google Analytics: Implementieren. Interpretieren. Profitieren.« ist ein Buch, das diese Fragen beantworten kann. Timo Aden ist der Autor und hat selbst bei Google gearbeitet, er weiß also, wovon er spricht. Das Buch zeigt die häufigsten Anwendungen und führt den Leser behutsam durch den Prozess, das Programm auch in der Praxis optimal nutzen zu können.

»Google Analytics: Implementieren. Interpretieren. Profitieren.« geht dabei sehr in die Tiefe. Man muss sich also darauf einstellen, entweder einiges an Zeit mitbringen zu müssen oder größere Teile ungelesen zu lassen. Das kann ja aber durchaus auch Vorteile haben, so muss man natürlich nicht alles lesen, wenn man nur eine bestimmte Fragestellung hat, der man auf den Grund gehen möchte. Hat man dann aber doch die Zeit und die Muße, kann man ein wenig im sonstigen Inhalt blättern und entdeckt vielleicht eine neue Anwendung, die man vorher gar nicht auf dem Schirm hatte. Wer nur einen groben ersten Überblick haben möchte, findet vermutlich andere Quellen, die dafür besser geeignet sind. Wer aber tiefer in die Materie eintauchen möchte, bekommt hier im Grunde alles in einem Buch, was er brauchen könnte.

Zudem erhält der Käufer zu »Google Analytics: Implementieren. Interpretieren. Profitieren.« auch noch ein kostenloses E-Book. Das ist gerade bei einem so umfangreichen Buch überraschend praktisch, muss man doch nicht jedes Mal ein schweres Buch aus dem Regal holen, wenn man schnell etwas nachschlagen möchte. Außerdem lässt sich so ein E-Book ja auch wesentlich leichter nach bestimmten Stichworten durchsuchen. Und da man in den meisten Fällen vermutlich ohnehin am Computer sitzt, wenn man es benötigt, ist es umso geschickter, es auch direkt dort lesen zu können.

**Die Psychologie des Überzeugens. Ein Lehrbuch für alle, die ihren Mitmenschen und sich selbst auf die Schliche kommen wollen**
*von Robert B. Cialdini*

Wer etwas verkaufen will, muss andere Menschen davon überzeugen, etwas zu kaufen. So einfach lässt sich Marketing im Grunde beschreiben. Doch was so banal klingt, ist auf den zweiten Blick ein sehr komplexes Thema. Denn was bedeutet es letzten Endes, jemanden zu überzeugen? »Die Psychologie des Überzeugens. Ein Lehrbuch für alle, die ihren Mitmenschen und sich selbst auf die Schliche kommen wollen« geht dieser Frage auf den Grund und untersucht die psychologischen Grundlagen, die bei uns in dieser Hinsicht eine Rolle spielen.

Das Buch ist dabei nicht nur für Leute interessant, die sich für Psychologie begeistern. Es ist auch ganz bewusst so konzipiert, dass es auch Leute anspricht, die sich für Werbung und Marketing interessieren. Man muss also nicht Psychologie studieren oder studiert haben, um von diesem Ratgeber zu profitieren. Es wird daher von wissenschaftlichen Kreisen genauso geschätzt wie von Werbern, die hier wichtige Impulse für ihren beruflichen Alltag gefunden haben. Diese Ausrichtung wird auch dadurch verdeutlicht, dass nicht nur die wissenschaftlichen Grundlagen besprochen werden, sondern der Autor auch diverse Beispiele aus der Praxis anführt.

»Die Psychologie des Überzeugens. Ein Lehrbuch für alle, die ihren Mitmenschen und sich selbst auf die Schliche kommen wollen « ist ein Buch, das eigentlich von allen Menschen gelesen werden sollte. Es geht uns schließlich alle an, wie wir miteinander umgehen und versuchen, uns gegenseitig von etwas zu überzeugen. Die psychologischen Mechanismen zu kennen, die dabei im Hintergrund passieren, kann nur hilfreich sein, egal, auf welcher Seite des Versuchs wir gerade stehen. Doch ganz besonders für Leute, die mit Marketing ihre Brötchen verdienen, gibt das Buch einen Einblick in Vorgänge, die man früher vielleicht nicht wirklich begriffen hat. Sich Strategien in der Praxis zu erarbeiten, ist eine Sache, es ist aber oft viel lohnender, wenn man die Mechanismen versteht, die man zuvor schon unbewusst eingesetzt hat. Dieses Buch gibt einen tiefen Einblick in eben diese Vorgänge, die passieren, wenn wir jemanden von etwas überzeugen wollen. Und dabei ist es zudem noch wirklich unterhaltsam geschrieben und ausgesprochen kurzweilig zu lesen. Andererseits kann es auch nicht wirklich überraschen, dass der Autor es versteht, seine Leser zu überzeugen.

## Smart Business Concepts – Finden Sie die Geschäftsidee, die Ihr Leben verändert
### *von Ehrenfried Conta Gromberg, Brigitte Conta Gromberg*

Geschäftsideen haben in der öffentlichen Wahrnehmung ein Image erreicht, das sie nicht unwesentlich vom Heiligen Gral unterscheidet. Man geht nicht nur davon aus, dass sie unglaublich schwer zu finden sind, man glaubt auch zu wissen, dass sie alleine dazu geeignet sind, sämtliche Probleme zu lösen. »Smart Business Concepts – Finden Sie die Geschäftsidee, die Ihr Leben verändert« versucht, diesen Mythos ein wenig zu entkräften, indem die Autoren ganz konkrete Möglichkeiten aufzeigen, eine Idee zu finden. Im Gegensatz zur weitverbreiteten Meinung ist es ja immerhin durchaus möglich, aktiv nach einer Idee zu suchen. Wer nur darauf wartet, dass sie von alleine kommt, kann oft unendlich lange warten. Wer hingegen etwas nachhilft, wird oft dann von der Inspiration überrascht, wenn er sie am wenigsten erwartet.

»Smart Business Concepts – Finden Sie die Geschäftsidee, die Ihr Leben verändert« bespricht einige Ideen und zeigt Wege auf, wie man sie in der Praxis finden kann. Das ist die beste Alternative dazu, die richtige Geschäftsidee direkt geliefert zu bekommen, was in der Realität wohl selten passieren dürfte. Das Buch bedient aber durchaus auch die theoretische Seite der Frage und stellt einige grundlegende Geschäftsmodelle vor, die man nutzen kann, um einen Ausgangspunkt zu haben.

Die richtige Geschäftsidee ist zwar nicht alles, was zählt, kann einem das Leben aber doch sehr erleichtern. Sie zu finden, ist aber nicht einfach und kann einem leider auch nicht ganz abgenommen werden. Mit »Smart Business Concepts – Finden Sie die Geschäftsidee, die Ihr Leben verändert« bekommt man aber zumindest einige Strategien an die Hand, die einem dabei helfen. Aber auch über die Frage der Idee hinaus gibt das Buch einige Tipps und Tricks, mit denen man seinen Alltag besser strukturieren kann. Es ist daher nicht nur für Leute nützlich, die gerade auf der Suche nach einer Geschäftsidee sind. Auch, wer schon ein funktionierendes Geschäft hat, findet hier Dinge, die er verbessern kann. Oder er findet durch Zufall eine Idee, mit der er sich ein neues Standbein schaffen kann.

## Schlusswort

das ist der Moment, an dem ich Ihnen etwas über mich erzählen soll, damit Sie erfahren, mit wem Sie es zu tun haben. Ich weiß aber auch, dass Sie sich vermutlich nicht unbedingt für mich als Person interessieren. Das verstehe ich durchaus. Es geht schließlich nicht darum, dass wir Freunde werden, sondern, wie ich Ihnen helfen kann. Wir befinden uns zudem hier in einer ganz besonderen Situation: Ich möchte Sie davon überzeugen, dass ich weiß, wie man Leute überzeugt.

Wenn Sie das hier lesen, spricht das zumindest dafür, dass ich erfolgreich war, aber es nützt ja nichts, wenn ich mich auf diesem Erfolg ausruhe. Ich möchte Sie daher an dieser Stelle auch nicht übermäßig mit Abschlüssen langweilen. Ich möchte Ihnen auch keinen lückenlosen Lebenslauf präsentieren, der zeigt, was ich eigentlich alles können müsste. Nein, ich möchte Ihnen lieber eine Geschichte erzählen.

Ich stamme aus einer hanseatischen Handelsfamilie, was neben einer erhöhten Toleranz für schlechtes Wetter auch dazu führte, dass ich schon früh Erfahrungen sammeln durfte, die mir auf meinem Weg zum Kaufmann äußerst nützlich werden sollten. Meine Geschichte verlief dabei aber nicht besonders außergewöhnlich, falls Sie eine solche Geschichte erwartet haben sollten. Ich absolvierte eine Lehre zum Bankkaufmann und arbeitete anschließend zwölf Jahre in einem mittelständischen Unternehmen, bevor ich im Jahre 1997 mein eigenes Unternehmen gründete. Sie sehen also, ich kann leider nicht damit dienen, dass ich bereits mit sieben Jahren ein Studium abgeschlossen hätte. Auch begann ich nicht direkt als Tellerwäscher und der Weg zum Millionär geschah nicht über Nacht.

Meine Geschichte unterscheidet sich nicht sonderlich von vielen anderen Geschichten, die sich auch heute noch täglich abspielen. Wenn Sie gelesen haben, dass ich mich 1997 selbstständig gemacht habe, denken Sie vielleicht, dass ich zu den Pionieren des Internets gehört habe, die die erste Hochzeit des Mediums erlebten und sich eine goldene Nase verdienten, bevor die Blase platzte. Auch da muss ich Sie leider enttäuschen. Das Netz war lange Zeit nichts, womit ich mich wirklich beschäftigt hätte.

Ich hatte zwar eine Website, aber es war eben eine Zeit, in der die reine Existenz oft schon alles war, was man mit so einer Seite machte. Irgendwann schaffte es die E-Mail, das Fax abzulösen, von dem ich erwarte, dass es demnächst in Geschichtsbüchern auftauchen müsste. Aber wenn wir ehrlich sind, war das fast alles, was man zu dieser Zeit geschäftlich im Internet machte. Sicher, es gab Leute, die damals schon ein Vermögen verdient haben, es gab auch Leute, die den Grundstein für späteren Erfolg legten, aber für die Mehrheit von uns war es eben doch noch das Web 1.0, das nur wenig Raum für wirkliche Aktivität bot.

Irgendwann kam die Erkenntnis aber auch bei mir an, dass in diesem Internet scheinbar echtes Geld verdient werden kann. Wie es aber so oft läuft, trugen meine ersten Schritte hauptsächlich dazu bei, dass andere Leute Geld verdienten. Ich investierte durchaus beachtliche Summen in Bücher, Kurse, Seminare und die verschiedensten anderen Dinge, weil man das eben so macht. Wenn man neu auf einem Gebiet ist, versucht man von den Leuten zu lernen, die Ahnung haben. Und wer Bücher darüber geschrieben hat, muss ja schließlich Ahnung haben. Im Rückblick muss ich durchaus gestehen, dass diese Herangehensweise nicht wirklich die beste war, aber man lebt ja schließlich, um zu lernen.

Ich möchte damit auch nicht behaupten, dass es keine Materialien gegeben hätte, die mir hätten helfen können. Ich war vermutlich nur noch nicht sonderlich gut darin, die Unterschiede zu erkennen. Ich würde ja beispielsweise auch nicht behaupten wollen, dass Vorträge grundsätzlich nutzlos seien, weil der verwirrt wirkende Mann an der Straßenecke nicht wirklich hilfreich war. Es war also durchaus auch meine Schuld, dass ich die falschen Materialien gewählt habe, weil es die waren, die am lautesten auf sich aufmerksam gemacht haben, also im Grunde wie besagter Mann an besagter Straßenecke.

Mich im Internet-Marketing zurechtzufinden, wurde also ein wesentlich längerer Prozess, als ich das selbst erwartet und gehofft hatte, aber es hat eben doch funktioniert. Ich habe über die Jahre verstanden, worauf es wirklich ankommt. Ich habe weiterhin die Theorie studiert, habe aber auch aus der Praxis gelernt. Ich bin heute an einem Punkt meiner Entwicklung, an dem ich bereit bin, meine Erfahrungen mit Ihnen zu teilen.

Ich tue das übrigens aus dem einfachen Grund, dass ich gerne anderen Menschen helfe. Gut, das klingt jetzt zu schön, um wahr zu sein, und irgendwie ist es das ja auch. Es geht mir nicht nur darum, dass ich gerne helfe, ich möchte schon auch ganz gerne etwas verdienen. Ich glaube aber nicht, dass diese Dinge sich gegenseitig ausschließen.

Das Prinzip hinter meiner diesbezüglichen Philosophie ist immerhin nicht gerade neu. Ob Sie es nun Karma nennen oder lieber an einen Gott glauben, der am Ende des Lebens entscheidet, wer gut war, es geht immer darum, anderen Menschen zu helfen und auf lange Sicht selbst davon zu profitieren. Aber es geht hier ja auch gar nicht um meine religiösen Überzeugungen. Soll ich Ihnen sagen, woran ich glaube? Zufriedene Kunden. Wer sich in einer Position wiederfindet, in der ihm wirklich geholfen wurde, wird auch dafür sorgen wollen, dass anderen Menschen geholfen wird.

Deswegen werde ich Ihnen auch keine Versprechungen machen, von denen wir im Grunde beide wissen, dass ich sie nicht halten kann. Ich habe nicht vor, Sie mit Dingen zu ködern, die ich Ihnen nicht geben kann. Ich möchte Ihnen wirklich helfen. Weil ich daran glaube, dass es nur gut sein kann, wenn wir alle versuchen, die Welt zu einem besseren Ort zu machen. Aber auch, weil ich möchte, dass Sie mich in guter Erinnerung behalten. Wenn ein Freund Sie in ein paar Monaten fragt, ob Sie ihm etwas zum Thema Online-Marketing empfehlen können, möchte ich, dass Sie an mich denken und meine Produkte ohne Zweifel weiterempfehlen können. Weil ich glaube, dass in diesem Fall alle Parteien davon profitieren. Ein gutes Geschäft war schon immer eines, bei dem alle Beteiligten profitieren, nicht eines, bei dem Leute über den Tisch gezogen werden.

Ich habe versucht, diese Ziele zu erreichen, indem ich ein Coaching angeboten habe, das gerade kleinen und mittelständischen Unternehmen helfen sollte. Diese Coachings waren ein voller Erfolg, aber meine Ressourcen sind eben doch begrenzt. Ich habe in dieser Zeit so viele Fälle und Geschichten aus nächster Nähe betrachten können, dass ich einige Muster entdeckte. Es mag kein magisches Patentrezept geben, das auf jede Situation passt, aber es gibt Gemeinsamkeiten, die es mir erlaubt haben, grundsätzliche Dinge festzuhalten, die in den meisten Fällen zutreffen.

Das Internet hat viele Möglichkeiten geschaffen, die früher schlicht nicht denkbar gewesen wären. Dazu gehört auch, dass man sich heute eine eigene Existenz aufbauen kann, ohne das Kapital zu haben, das noch vor wenigen Jahren nötig gewesen wäre. Das bedeutet aber auch, dass viele Menschen genau das versuchen werden, ohne wirklich eine Ahnung zu haben, wie sie das angehen sollen. Menschen, die sich ohne einen konkreten Plan auf eine solche Reise begeben, brauchen sehr viel Glück, wenn sie sich unterwegs nicht verirren wollen.

Ich habe es mir zur Aufgabe gemacht, diesen Leuten einen solchen Plan an die Hand zu geben. Das heißt nicht, dass ich Sie zu ungeahnten Reichtümern führen werde. Das heißt auch nicht, dass Sie nie wieder arbeiten müssen und sich trotzdem alles leisten können. Wenn Sie das wollen, müssen Sie schon Lotto spielen, nur leider habe ich keine Ahnung, wie man dort gewinnt. Wobei ich Ihnen aber helfen kann, ist, Ihr eigenes Geschäft aufzubauen. Wenn Sie es noch genauer wissen möchten, habe ich mich darauf spezialisiert, wie Sie neue Kunden finden können.

Wie ich ja bereits sagte, ist meine Geschichte nicht wirklich außergewöhnlich, und so ungern ich es ja zugebe, ich selbst bin dies auch nicht. Falls Sie also zufällig auf der Suche nach dem Stoff für den nächsten Bestseller waren, muss ich Sie enttäuschen. Wenn Sie aber nach jemandem suchen, der Ihnen dabei hilft, sich erfolgreich und langfristig ein Geschäft im Internet aufzubauen, sind Sie bei mir genau richtig. Ich bin nichts Besonderes und habe es dennoch geschafft. Ich will nicht sagen, dass jeder Mensch es genauso schaffen kann, aber man braucht sicher keine übermenschlichen Fähigkeiten, nur eine Anleitung, die einem verrät, was funktioniert.

Ich will auch mit Sicherheit nicht behaupten, mein Weg sei der einzig richtige. Vielleicht gibt es Leute, die das genaue Gegenteil gemacht haben und trotzdem erfolgreich wurden. Ich kann nur meine Geschichte bieten und die Geschichten der Menschen, denen ich über die Jahre geholfen habe. Man sagt ja gerne, man könne nur aus Fehlern lernen, und vielleicht stimmt das ja. Ich biete Ihnen daher die seltene Gelegenheit, aus Fehlern zu lernen, ohne sie selbst machen zu müssen. Ich bin schließlich kein Guru, der eines Morgens aufwachte und die Antworten auf alle Fragen kannte. Ich musste mir alles selbst erarbeiten und habe dabei auch Fehler gemacht und so manchen Rückschlag erlitten. Ich würde Ihnen heute gerne von meinem Weg erzählen, weil ich glaube, dass Sie damit so einigen Hindernissen aus dem Weg gehen können. Wenn ich es geschafft habe, können Sie das auch, ganz besonders, wenn Sie sogar noch meine Hilfe haben.

Und zu guter Letzt möchte ich Sie natürlich auch herzlich dazu einladen, mich auf meinen Seiten www.erikjenss.de und www.marketing-mix-akademie.de zu besuchen, wo ich versuche, Ihnen regelmäßig neue Inhalte zu präsentieren, die Ihnen helfen können. Sie wissen ja vermutlich, was der Volksmund über Leute sagt, die sich selbst zu sehr loben, daher möchte ich mich hier auch kurz fassen, hoffe aber natürlich, dass ich Sie durch dieses Buch davon überzeugen konnte, dass ich weiß, wovon ich rede.

Ich hoffe, Sie haben in diesem Ratgeber gefunden, was Sie gesucht haben. Ich hoffe allerdings noch mehr, dass Sie hier Tipps & Tricks gefunden haben, die Sie gebraucht haben. Ich kann Ihnen nicht das Blaue vom Himmel versprechen, aber ich kann Ihnen sagen, was bei mir funktioniert hat. Das habe ich nun getan.

Wenn ich Ihr Interesse geweckt habe und Sie tiefer in die Materie einsteigen wollen, kann ich Ihnen meine Kurse & Coachings empfehlen, ferner habe ich dann auch noch einige Gratis eBooks für Sie vorbereitet:

http://marketing-mix-akademie.de/gratis-downloads/
http://marketing-mix-akademie.de/shop/

Ich wünsche Ihnen viel Erfolg mit Ihrem Geschäft. Ich wünsche Ihnen Gesundheit, Glück, Freude, viel Erfolg und den Willen – Ihre Ziele umzusetzen! Fangen Sie JETZT SOFORT damit an!

Mit besten Wünschen und Grüssen,
Erik Jenss

www.erikjenss.de
www.marketing-mix-akademie.de
www.pr-hilfe.de

nauigkeiten, Auslassungen. Jegliche Kränkung von Personen, Organisationen sind nicht beabsichtigt. Wenn eine Beratung über rechtliche oder damit zusammenhängende Angelegenheiten gesucht ist, sollten Sie die Dienste von hierfür qualifizierten Personen (z.B. Rechtsanwälten) suchen. Dieses ebook ist nicht zur Verwendung als Quelle für rechtliche Beratung vorgesehen. Sie sollten sich der Gesetze, die Geschäftsfälle oder Geschäftspraktiken in Ihrem Land regeln bewusst sein. Jede Bezugnahme auf Firmen oder Personen, ob lebend oder tot, ist rein zufällig. Grafik- und Fotonachweis: istockphoto.com

## Haftung für Inhalte

Die Inhalte dieses Produkts wurden mit größter Sorgfalt erstellt. Für die Richtigkeit, Vollständigkeit und Aktualität der Inhalte können wir jedoch keine Gewähr übernehmen. Als Diensteanbieter sind wir gemäß § 7 Abs.1 TMG für eigene Inhalte in diesem Produkt nach den allgemeinen Gesetzen verantwortlich. Nach §§ 8 bis 10 TMG sind wir als Diensteanbieter jedoch nicht verpflichtet, übermittelte oder gespeicherte fremde Informationen zu überwachen oder nach Umständen zu forschen, die auf eine rechtswidrige Tätigkeit hinweisen. Verpflichtungen zur Entfernung oder Sperrung der Nutzung von Informationen nach den allgemeinen Gesetzen bleiben hiervon unberührt.
Eine diesbezügliche Haftung ist jedoch erst ab dem Zeitpunkt der Kenntnis einer konkreten Rechtsverletzung möglich. Bei Bekanntwerden von entsprechenden Rechtsverletzungen werden wir diese Inhalte umgehend entfernen.

## Haftung für Links

Unser Angebot enthält Links zu externen Webseiten Dritter, auf deren Inhalte wir keinen Einfluss haben. Deshalb können wir für diese fremden Inhalte auch keine Gewähr übernehmen.

Für die Inhalte der verlinkten Seiten ist stets der jeweilige Anbieter oder Betreiber der Seiten verantwortlich. Die verlinkten Seiten wurden zum Zeitpunkt der Verlinkung auf mögliche Rechtsverstöße überprüft. Rechtswidrige Inhalte waren zum Zeitpunkt der Verlinkung nicht erkennbar. Eine permanente inhaltliche Kontrolle der verlinkten Seiten ist jedoch ohne konkrete Anhaltspunkte einer Rechtsverletzung nicht zumutbar. Bei Bekanntwerden von Rechtsverletzungen werden wir derartige
Links umgehend entfernen.

**Urheberrecht**
Die erstellten Inhalte dieses Produkts unterliegen dem deutschen Urheberrecht. Die Vervielfältigung, Bearbeitung, Verbreitung und jede Art der Verwertung außerhalb der Grenzen des Urheberrechtes bedürfen der schriftlichen Zustimmung des jeweiligen Autors bzw. Erstellers. Downloads und Kopien dieses Produkts sind nur für den privaten, nicht kommerziellen Gebrauch gestattet. Soweit die Inhalte auf dieses Produkts nicht vom Betreiber erstellt wurden, werden die Urheberrechte Dritter beachtet. Insbesondere werden Inhalte Dritter als solche gekennzeichnet. Sollten Sie trotzdem auf eine Urheberrechtsverletzung aufmerksam werden, bitten wir um einen entsprechenden Hinweis. Bei Bekanntwerden von Rechtsverletzungen werden wir derartige Inhalte umgehend entfernen.

www.erikjenss.de
www.marketing-mix-akademie.de

**ERIK JENSS**
COACHING · CONSULTING
Neue Kunden, mehr Umsatz & Gewinn!

Erik Jenss, geboren 1966 in der Freien und Hansestadt Hamburg, ist erfolgreicher Unternehmensberater, Internetmarketer, Kundengewinnungs-Coach und langjähriger Unternehmer.

Nach dem erfolgreichen Abschluss einer Ausbildung zum Bankkaufmann war er über ein Jahrzehnt als leitender Angestellter in einer hanseatischen Import-Export Firma im Verkauf und Vertrieb tätig, beschäftigte sich jedoch auch nebenberuflich als Gründer einiger Startups im Einzelhandel, im Event- und Versandgeschäft.

Als hanseatischer Kaufmann und Selbstständiger vermittelt Erik Jenss seit mehr als 20 Jahren Unternehmen neue Kunden und steigert massiv deren Umsätze. Er berät Unternehmer, KMU's und Firmengründer mit großer Leidenschaft, wie sie im Internet (und auch außerhalb des Internets) neue Kunden gewinnen und neue Geschäftsfelder erschließen können.

Seit über einem Jahrzehnt beschäftigt sich Erik Jenss intensiv mit dem Thema »Geld verdienen im Internet« und analysiert Webseiten sowie Marketing Produkte aus der europäischen und der amerikanischen Internet Marketing Szene und ist inzwischen ein Experte für die Produktion und den Vertrieb von digitalen Marketing- und Informations-Produkten.

In seinen Coachings und Beratungen bietet Erik Jenss seinen Kunden einen umfassenden Erfahrungsschatz aus den Bereichen Marketing, Online Marketing, Neukundengewinnung, Lead- und Kundengenerierung, Expertenpositionierung, Email-Marketing, Traffic-Generierung sowie Effizienzsteigerung.

Für weitere Informationen über Erik Jenss besuchen Sie bitte die Webseiten:

www.marketing-mix-akademie.de
www.erikjenss.de
www.pr-hilfe.de